EL GRITO

Datos internacionales de Catalogación en fuente (CIP)
(Cámara Argentina del Libro)

248	Lublch, Chiara
LUB	El grito - 2ª ed. 1ª reimp. - Buenos Aires : Editorial
	Ciudad Nueva, 2004.
	160 p. ; 19 x 13 cm. - (Espiritualidad).
	ISBN 950-586-136-2
	I. Título - 1. Espiritualidad

Chiara Lubich

EL GRITO

Jesús crucificado y abandonado
en la historia y en la vida
del Movimiento de los focolares,
desde su nacimiento, en 1943,
hasta el alba del tercer milenio

Ciudad Nueva
Buenos Aires, Madrid, Santafé de Bogotá,
Montevideo, Santiago

Título original: *IL GRIDO*
Gesú crocifisso e abbandonato nella storia e nella vita del Movimento dei Focolari dalla sua nascita, nel 1943, all'alba del terzo millennio.
© 2000 Cittá Nuova, Roma (Italia)

2ª edición, 1ª reimpresión, abril de 2004

© 2004 copyright by
Editorial Ciudad Nueva
Lezica 4354 -1202 Buenos Aires - Argentina
ciudadnueva@ciudadnueva.org.ar
www.ciudadnueva.org.ar

Traducción: *Honorio Rey*
Revisión: *Damián García*
Diseño de tapa: *Matías Blanco*

Queda hecho el depósito que marca la ley 11.723
ISBN 950-586-136-2

Impreso en la Argentina
Printed in Argentina

PREFACIO

La Obra de María, *o* Movimiento de los focolares,
*nace en 1943 en Trento, por obra de Chiara Lubich, una
maestra que reúne a su alrededor a algunas compañeras
para un itinerario de fe y de vida en la cual experimentar
la perenne novedad del Evangelio, fuente de unidad y de
renovación profunda de toda la persona. A partir de ese
primer núcleo, el Movimiento ha tenido una difusión continua y constante y actualmente suma más de un millón
de personas en todo el mundo, obispos, sacerdotes y religiosos, familias, hombres y mujeres consagrados, jóvenes, uni-
dos en el "focolar", como en Nazaret.*

*Cabe preguntarse sobre esta difusión tan singular, so-
bre la vitalidad del Movimiento que se propone, al alba
del tercer milenio, como uno de los componentes más vita-
les de la Iglesia. ¿Cuál es su secreto, su alma más profunda,
el núcleo del cual brota tanta energía espiritual, tanta luz,
tanta frescura evangélica y amor compartido en la gozosa
simplicidad fraterna que hace muchos años me impresionó
en el primer encuentro con Chiara, y que me conmueve en
todos los miembros del Movimiento, desde Brasil hasta las
Filipinas, desde Nigeria a Canadá?*

*He aquí, entonces, el significado y el valor de este
precioso texto de Chiara Lubich, que quiere ilustrar precisamente las raíces espirituales, teológicas e históricas del*

Movimiento de los focolares. Más que un ensayo sobre el Movimiento, escribe la autora, es "un canto, un himno de alegría y gratitud, una carta de amor" a Jesús crucificado y abandonado.

El título, singular y sugetivo, El Grito. Jesús crucificado y abandonado en la historia y en la vida del Movimiento de los focolares, desde su nacimiento, en 1943, hasta el alba del tercer milenio, *nos conduce y nos empuja al centro de toda la experiencia de los focolarinos: al encuentro con el amado, el crucificado, que sobre la cruz grita: "Dios mío, Dios mío, ¿por qué me has abandonado?".*

Todo el libro es el relato de este encuentro, vivido por Chiara Lubich en primera persona y luego compartido con todos los adherentes al Movimiento.

En la primera parte del volumen la autora lee el texto evangélico del abandonado en la cruz, indagando en todos sus aspectos, desde el exegético hasta el teológico, desde el espiritual al de la reflexión patrística. El misterio insondable del sufrimiento de Dios en Dios es central para comprender el sufrimiento de los hombres, redimidos por la muerte y resurrección de Cristo. La unión profunda e inefable del Padre con el Hijo en el Espíritu, vivida también en el momento de la cruz, del abandono, se convierte así en modelo de la unión de los cristianos, de los discípulos fieles a Cristo, que tienen el valor de cargar cada uno con su propia cruz de cada día para seguir al Señor y dar testimonio de él en la vida a través de un estilo basado en la comunión, caracterizado por la vocación que lleva a todos, niños y jóvenes, adultos y ancianos, gente de cualquier edad, raza, condición social, cultura, en fin, a todos, varones y mujeres, desde la diversidad a la unidad en el nombre de Cristo.

Junto al texto evangélico de la crucifixión, otro referente constante de la espiritualidad de los Focolares es, por consiguiente, la invocación de Cristo al Padre: "Que todos sean una sola cosa" (Jn 17,21). Crear y sostener la unidad, la comunión no sólo entre católicos, sino con los otros cristianos y también con aquellos que, como hombres y mujeres de buena voluntad, buscan la verdad, ésa es la misión del Movimiento y la vocación a la cual uno se siente llamado por el encuentro con Cristo crucificado.

Con Chiara Lubich recorremos, luego, el camino del Movimiento a través de las etapas más significativas e importantes, marcadas por dificultades, incomprensiones, pruebas, pero también por signos de la providencia que orientan y sostienen el camino y lo extienden a los horizontes de toda la Iglesia y del mundo entero.

La constante que acompaña toda la historia nos es propuesta, por la autora, en estos términos: "Si observamos nuestro Movimiento, vemos que (...) éste parte de un deseo de amor: amar a Dios (...), vuelto a descubrir como Amor, como Padre. Y también, para nosotros, este amor se traducía y se traduce en hacer la voluntad de Dios, que se resume en el mandamiento nuevo 'ámense los unos a los otros como yo los he amado' (Jn 15, 12)".

El amor es el rostro de Jesús crucificado, y amar creando espacios de comunión en la ciudad es la forma de dar testimonio de la propia fe y de la propia adhesión sincera a Cristo abandonado en la cruz por amor nuestro, propter nostram salutem.

La Ciudad Nueva *es el proyecto que surge del encuentro de amor con el amado, una ciudad en la cual no faltan las pruebas, pero en la que se experimenta también que la semilla esparcida con generosidad produce frutos abundantes, porque el Padre, rico en misericordia, vela sobre todas sus criaturas y prodiga el don del Espíritu a cualquiera que lo pida con fe.*

Esta vocación al amor es confirmada con autoridad por Juan Pablo II que, dirigiéndose a los focolarinos el 19 de agosto de 1984, afirma: "El amor es la chispa inspiradora de todo lo que se hace bajo el nombre Focolares, de todo lo que ustedes son, de todo lo que ustedes hacen en el mundo... El amor abre el camino. Les deseo que, gracias a ustedes, este camino sea para la Iglesia cada vez más amplio". El camino del diálogo y de la comunión es hoy verdaderamente más amplio gracias también al compromiso del Movimiento de los focolares, injertado en el corazón de todas las culturas a través de las Mariápolis, Ciudades de María, la Madre que, como el cielo, contiene todo y a todos, porque quiere formar en todos a su hijo, Jesucristo.

El alba del tercer milenio, caracterizada por la gracia y la alegría del Gran Jubileo, anuncia una época nueva para la Iglesia, una edad que ya el Papa Pablo VI había anunciado y entrevisto, la de la Civilización del Amor.

Al anuncio de la "muerte de Dios", que parecía dominar los últimos dos siglos, corresponde hoy el anuncio de una nueva alianza, de una amistad renovada y más profunda porque, a través de Cristo abandonado y crucificado, "ventana" abierta entre Dios y el hombre, como la define la Iglesia, el Padre nos mira y nosotros podemos volver a contemplarlo y a gozar de su presencia.

"Padre, que todos sean uno", es la oración de Cristo, pero también la invocación con la cual Chiara cierra el libro, abriendo así a la esperanza en el alba del tercer milenio. Quien la lea no podrá dejar de hacer suya esta plegaria, enviando así su carta de amor al Señor crucificado que, abandonado en la Cruz, no abandona al hombre, sino que se hace su redentor y compañero de viaje por los caminos de la historia, iluminada por la luz del verbo encarnado en el seno de María Santísima, y al calor del fuego del Espíritu de amor del Padre rico en misericordia y de su hijo Jesús, crucificado y abandonado, y resucitado.

Roma, Santa Pascua 2000.

Cardenal PAUL POUPARD

Como una carta de amor
a Jesús abandonado

A QUIEN SEGUIMOS

Un canto

El argumento que me he propuesto tratar en este libro es para mí, como también para los miembros del Movimiento de los Focolares, de una importancia capital, tiene un atractivo particular e implica, por eso, un compromiso muy especial.

En efecto, tendré que hablar de aquél que, en la única vida que Dios nos ha dado, un día, un determinado día, distinto para cada uno, nos ha llamado a seguirlo dándonos a él: Jesús crucificado.

Se comprende, entonces, cómo todo lo que quisiera volcar en estas páginas no debería ser un tema, aunque fuera familiar, cálido, sentido; querría ser *un canto*, un himno de alegría y de gratitud a aquél que, elevado en la cruz, nos ha atraído, junto a tantos otros cristianos, haciéndonos participar en este siglo, y de una manera particular, en el gran drama de su pasión, por la cual todo ha sido recapitulado en él (cf *Ef* 1, 10) y, de distintas maneras, en su resurrección.

No lograré, por cierto, expresar todo lo que siento, o debería sentir, por aquél cuyo amor me ha llevado a afirmar más de una vez que mi vida tiene un segundo nombre: Gracias.

Además, dado que él nos ama personalmente a cada uno de nosotros y a cada Movimiento surgido en la Iglesia, hablaré sobre todo de ese rostro *particular* con el cual se nos ha presentado a nosotros, y a mí en primer lugar, para pedirnos que nos uniéramos a él para siempre: Jesús crucificado *en su grito de abandono*

El abandono de Jesús en la cruz que había suscitado el interés de los Padres en los primeros siglos, que se siguió ahondando en el Medioevo, casi ignorado luego por los teólogos de los siglos posteriores, señalado por algún santo, ahora fascina a muchos de nuestros contemporáneos, en los cuales este misterio insondable no puede dejar de despertar por lo menos curiosidad en una época en la cual se vive una noche "epocal" de Dios, como ha dicho Juan Pablo II.

Con este trabajo trataré, sobre todo, de ofrecer una breve síntesis de lo que él ha sido y es para nuestra vida personal y para la vida de la "Obra de María".

JESUS CRUCIFICADO

¡Jesús crucificado!

¿Qué decir? ¿Cómo hablar de él como corresponde?

Sabemos que es hombre, como nosotros, pero es también Dios. Y es amor. Vino a estar entre nosotros para una obra que tiene que ver con todos y con cada uno personalmente. Nos creó, pero nosotros arruinamos el don que nos hizo, y lo volvemos a arruinar; por eso, junto con la vida heredamos las lágrimas, el sufrir y, como conclusión de ella, la muerte, la aparente anulación de tanta experiencia.

Pero he aquí que él comprende la situación de los hombres, conoce las desgraciadas visicitudes de su historia, tiene piedad y desciende a la tierra: carga con todo lo que el hombre tenía que padecer. "Dios no quiere que el hombre se pierda" (cf *Jn* 6, 39) y lo salva.

Jesús, por lo tanto, sufre y muere por el hombre.

Con el hombre, con nosotros y como nosotros muere y luego... resucita.

"Era necesario" (cf *Mc* 8, 31), dice Jesús cuando se acerca la hora de la pasión.

Pero, ¿qué era necesario? ¿Y por qué?

Había hecho necesario para él encarnarse, sufrir y morir por nosotros, ¡porque es amor!

Esta es la extraordinaria vocación del Hombre-Dios, totalmente distinta, en el extremo opuesto de aquella a la que, por lo general, aspiran los hombres.

Vino para "dar su vida en rescate por una multitud" (*Mt* 20, 28).

Todo había sido dispuesto de antemano por el Padre. Jesús se somete. Pero, como dice Isaías sobre el Siervo del Señor, se ofreció porque lo quiso[1]: quiso la voluntad del Padre. La quiso porque *ama antes que nada al Padre*[2].

Entonces el Padre responde a ese amor con su potencia y realiza un acto que nunca había realizado después de la creación, es decir, la "nueva creación": la resurrección.

Con ella el cuerpo de Jesús, también "débil" y susceptible de dolor y de muerte, es transfigurado, es glorificado (cf *2Cor* 13, 4), en condiciones para subir a la derecha del Padre.

Así, el Hombre-Dios abre la puerta de la Trinidad a los hombres redimidos.

[1] Cf. *Is* 53, 7 Vulg.

[2] "Pero es necesario que el mundo sepa que yo amo al Padre y obro como él me ha ordenado. Levántense, salgamos de aquí" (*Jn* 14, 31).

Jesús, modelo para los cristianos

Desde aquel tiempo afortunado en el cual Cristo vivió, murió y resucitó, él se ha convertido en el Camino, *el modelo* para cada uno de nosotros[3].

El cristiano, como Jesús, tiene que amar al Padre y por lo tanto hacer su voluntad sometiéndose a él. Y la voluntad de Dios para el cristiano es que llegue también él a la gloria, a la felicidad, por el camino de la cruz como Jesús.

Entonces, él mismo nos enseña como seguirlo. En efecto, dice a todos: "El que quiera venir detrás de mí, que renuncie a sí mismo, que cargue con su cruz cada día y me siga" (*Lc* 9, 23).

Seguir a Jesús es, antes que nada, renuncia. Es la *renuncia* a sí mismo que en el mundo actual no se quiere comprender, ilusiónandose con un cristianismo sin dificultades. Pero la doctrina de Jesús es clara y fuerte: ¡Otra que ausencia de frenos morales! Pablo dice: "Por lo tanto, hagan morir en sus miembros todo lo que es terrenal: la lujuria, la impureza, la pasión desordenada, los malos deseos y también la avaricia, que es una forma de idolatría" (*Col* 3, 5), porque aspirar a las cosas terrenas es conducirse "como enemigos de la cruz de Cristo" (*Fil* 3, 18).

---

[3] «Porque he dicho que Cristo es el camino, y que este camino es morir a nuestra naturaleza en sensitivo y espiritual, quiero dar a entender cómo sea esto a ejemplo de Cristo, porque él es nuestro ejemplo y luz» (JUAN DE LA CRUZ, *Subida al Monte Carmelo*, II, 7, 9; en *Vida y Obras completas de San Juan de la Cruz*, Madrid, 1974, 8° ed., p. 495).

Seguir a Jesús quiere decir también *cargar la propia cruz* cada día.

Jesús alude al dolor de cada día: se deben aceptar todas las pequeñas dificultades cotidianas. Pero al haber dicho que tomáramos *nuestra cruz*, también le dio sentido y valor a nuestro padecimiento.

Recuerdo aquí la gran impresión que sentí, en Jerusalén, cuando en el Calvario me mostraron el hueco donde fue plantada *la cruz de Jesús*: postrada en tierra, casi anonadada en adoración de agradecimiento, se me ocurrió una sola idea: si no hubiera existido esta cruz, todos nuestros dolores, los dolores de todos los hombres, no habrían tenido un nombre.

Pero: "Cristo no muestra solamente la dignidad del dolor –dice Pablo VI–. El proclama *la vocación al dolor*... llama al dolor (también a nuestro dolor) a salir de su desesperada inutilidad y a convertirse, si se une al de él, en fuente positiva de bien"[4].

Los santos y la cruz

Ignacio, obispo de Antioquía, estando todavía cerca del paso de Jesús por la tierra, cuando se encamina al martirio interpreta literalmente las palabras "carga tu cruz" y escribe a los romanos: "Para mí pedid únicamente fuerza, interna y externa, para que no sólo hable, sino que

---

[4] PABLO VI, *Via Crucis*, 27 de marzo de 1964; en *Insegnamenti di Paolo VI*, II (1964), p. 212.

también quiera, para que no sólo me llame cristiano, sino que también me muestre así. (...) Cuando el mundo no vea mi cuerpo, entonces seré en verdad discípulo. (...) Ahora comienzo a ser discípulo. Que nada visible ni invisible me envidie para que alcance a Jesucristo. Fuego, cruz, manadas de fieras, laceraciones, separación y dispersión de huesos, mutilación de miembros, trituramiento de todo el cuerpo, perversos tormentos del diablo vengan sobre mí con la sola condición de que alcance a Jesucristo. (...) Obedeced mejor a esto que os escribo. Pues os escribo vivo, aunque deseo morir. Mi deseo está crucificado y en mí no hay fuego que ame la materia. Pero un agua viva habla dentro de mí y, en lo íntimo, me dice: 'Ven al Padre'"[5].

Los santos, que son los cristianos realizados, han logrado adueñarse del secreto, *el valor de la cruz*.

Grignon de Montfort habla en estos términos: "Y en espera de que amanezca el día de su triunfo en el juicio final, la Sabiduría eterna quiere que la cruz sea la señal, el carácter y el arma de sus elegidos. No recibe como hijo sino a quien posee ese carácter, ni acepta por discípulo suyo sino a quien la lleve en su frente sin avergonzarse, en su corazón sin protestar o en sus hombros sin arrastrarla o tirarla. (...)

"No admite a nadie como soldado si no está dispuesto a tomarla como arma para defenderse, para ata-

[5] IGNACIO DE ANTIOQUIA, *A los romanos*, III, 2; IV, 2; V, 3; VII, 2; en *Fuentes Patrísticas*, Ed. Ciudad Nueva, Madrid 1999, pp. 149-159.

car, derribar y aplastar a sus enemigos y les dice: *Confiad en mí; yo vencí al mundo* (Jn 16,33). (...) Soy vuestro capitán: por la cruz vencí a mis enemigos y con esta misma señal los venceréis también vosotros"[6].

Jesús crucificado: el sacrificio

A Jesús, sin embargo, no hay que verlo solamente como modelo para imitar en la vida del cristiano.

Jesús crucificado es *el sacrificio*.

Como todos sabemos, en el Antiguo Testamento era costumbre ofrecerle a Dios sacrificios mediante el derramamiento de sangre de animales. Estos tenían la función de purificar a los hombres de sus pecados, como también de unirlos a la voluntad de Dios.

La sangre, en el Antiguo Testamento, era signo de vida y la vida siempre es agradable para Dios: por eso, inmolándola –y la sangre era la máxima expresión–, se daba culto Dios.

De todos modos, estos sacrificios no eran más que una *sombra* de lo que tenía que ser el sacrificio en el Nuevo Testamento (Cf. *Heb* 10, 1).

He aquí, en efecto, a Jesús, el Cordero de Dios, que sí derrama su sangre de una vez para siempre, dando con esto su vida, pero según cuanto está escrito en la carta a los Hebreos: "Cristo, al entrar en el mundo, dijo:

[6] S. LUIS GRIGNON DE MONTFORT, *El amor de la Sabiduría eterna*, en *Obras de S. Luis Grignón de Montfort*, Madrid 1954, p. 193.

'Tú no has querido sacrificio ni oblación; en cambio, *me has dado un cuerpo*. No has mirado con agrado los holocaustos ni los sacrificios expiatorios. Entonces dije: '«Aquí estoy, yo vengo (...) para hacer tu voluntad»'" (*Heb* 10, 5-7).

El sacrificio de ese cuerpo, del Hombre-Dios, es *hacer la voluntad de Dios*.

El sacrificio de Jesús, por lo tanto, realiza y lleva a la perfección el sentido más profundo e interior de los sacrificios del Antiguo Testamento.

En efecto, dando su sangre, aunque divina, aún no habría hecho lo que estaba en la voluntad del Padre.

El, que era Dios, era la Vida.

Por lo tanto, de alguna manera, tenía que morir también como tal: derramar una sangre espiritual, divina, *dar de sí, a Dios en sí*[7].

---

[7] "Dios no tiene para sí su divinidad como un botín, como el ladrón tiene la bolsa, sino que se él se da. La gloria de su divinidad está en el hecho de que él puede ser 'altruista'" (K. BARTH, *Dogmatica in sintesi*, Roma 1969, pp. 174-175).

JESUS ABANDONADO

Al igual que una flor completamente abierta, completamente desplegada, Jesús, después de haber dado la propia sangre, la propia muerte natural, da también (no "después" en el sentido del tiempo, sino en cuanto valor) la propia muerte espiritual, la propia muerte divina, y da Dios.

Se vacía también de Dios. Y esto lo hace en el momento del abandono, cuando grita: "Dios mío, Dios mío, ¿por qué me has abandonado?". Grito de Jesús que alguien, en el tiempo, ha interpretado como si él repitiera el Salmo 22 (21). Nosotros siempre hemos pensado que no es Jesús para el Salmo, sino el Salmo para Jesús. Además, nos lo confirma el Santo Padre Juan Pablo II: "(...) sus palabras no son sólo expresión de ese abandono, que tantas veces se hacía sentir en el Antiguo Testamento, especialmente (...) (en el) Salmo 22 (21) (...). Estas palabras sobre el abandono nacen al nivel de la inseparable unión del Hijo con el Padre, y nacen porque el Padre 'hizo recaer sobre él las iniquidades de todos nosotros'"[1].

Abandono real para la humanidad de Jesús, porque Dios la deja en su estado sin intervenir. *Abandono irreal*

---

[1] *Salvifici doloris* 18; EV 9, 650.

para su divinidad, porque Jesús, siendo Dios, es Uno con el Padre y con el Espíritu Santo y no puede dividirse; en todo caso puede distinguirse. Pero esto ya no es dolor: es amor.

El sufrimiento –escribe J. Maritain– "existe en Dios en modo infinitamente más verdadero que como existe el sufrimiento en nosotros, pero sin ninguna imperfección, dado que en Dios éste está unido en forma absoluta con el amor"[2].

A nosotros nos gusta pensar de este modo el abandono. ¿Acaso Dios no es uno, en tres personas distintas, contemporáneamente Uno y Trino, en un tiempo fuera del tiempo, podríamos decir, donde el Amor vive, donde el Padre está en perenne generación del Verbo, y el Espíritu Santo perennemente procede como Persona divina también él, uniendo y distinguiendo contemporáneamente al Padre y al Hijo, de modo que son Uno y son Tres?

¿Quiere decir entonces que, la del abandono, podría haber sido *una "nueva" operación*, digamos, del tipo de lo sucedido en la Encarnación, cuando la Trinidad decretó que el Verbo se hiciera carne, o en la resurrección, cuando la potencia de Dios resucitó en el Espíritu Santo al Hijo encarnado?

El Padre, viendo a Jesús obediente hasta el punto de volver a generar a sus hijos, de darles una "nueva creación" (cf *2Cor* 5, 17), lo vio tan semejante a sí, igual a sí, casi *otro Padre*, como para distinguirlo de sí.

[2] J. MARITAIN, *Approches sans entraves, Scritti di filosofia cristiana*, II, Roma 1978, p. 291.

Estallido de gozo en Dios-Amor siempre nuevo. Grito de infinito dolor en la humanidad de Cristo, "Dios mío, Dios mío, ¿por qué me has abandonado?" (*Mt* 27, 46; *Mc* 15, 34).

Cómo comprenderlo un poco

Este abandono es, por lo tanto, un misterio, del cual algo puede llegar a comprender quien vive la espiritualidad de la unidad, centrada precisamente en el abandono de Jesús, como también en la unidad que él pide al Padre en su oración-testamento: "que todos sean uno" (*Jn* 17, 21).

Quien vive así sabe cómo, después de que entre algunos se realiza la unidad, éstos se distinguen, para luego unirse en una nueva unidad, más plena.

Para resolver, por ejemplo, un problema en un encuentro cualquiera del Movimiento, se reúnen, estableciendo antes que nada la presencia de Jesús en medio de ellos, de modo de encontrar, con su ayuda, la solución. Luego se separan y cada uno va, enriquecido por esta comunión, a realizar lo que se ha visto. Se volverán a reunir nuevamente, en otra ocasión, con una unión que se advierte más plena, para ditinguirse ulteriormente, y así sucesivamente.

Este es, me parece, el modo de vivir según la Santísima Trinidad entre los hombres, aquí en la tierra.

Lo que hace el Padre con Jesús es, por lo tanto, *distinción*, una acción de amor.

Para Jesús-Hombre esta distinción resulta división, y es dolor porque es acción de justicia. Al haberse hecho uno con la humanidad pecadora, experimenta en su humanidad la lejanía de Dios.

Escribe Chardon: "Dios, el Padre celestial, se vale de los verdugos y de los demonios para el martirio exterior de su Hijo, mientras se reserva para él ser la causa inmediata de su pasión interior (...).

"Cuando (el Padre), sin la mediación de sus criaturas... como instrumentos propios para hacerlo sufrir, se aplica él mismo para ser no tanto principio de cruz, cuanto la cruz misma de su Hijo, (...) le oculta su condición de Padre, pero también la de Dios que hace correr a torrentes las dulzuras de su bondad, entonces Jesús ya no lo llama su Padre, sino su Dios"[3].

Jesús vuelve a abandonarse en el Padre

Sólo que, precisamente porque en Cristo humanidad y divininidad son uno, dado que Jesús es Dios, he aquí que tiene la fuerza de superar esta inmensa prueba, grande como Dios, y *en el mismo grito*, en el cual está velada, pero contenida, toda la potencia del Amor omnipotente, se vuelve a abandonar en el Padre, uniéndose nuevamente con él.

---

[3] Cf. L. CHARDON, *La croix de Jésus*, I, París 1895, pp. 256-257.

Si Jesús no hubiera sido Dios, esto no habría sido posible. Es por eso que en el abandono él se muestra más Dios que nunca [4].

Es en éste y por este dolor que Jesús realiza todo lo que debía realizar: "*Consummatum est*".

"Junto con este horrible peso –dice Juan Pablo II, siempre en la *Salvifici doloris*– abarcando *"todo" el mal de volver las espaldas a Dios*, contenido en el pecado, Cristo, mediante la divina profundidad de la unión filial con el Padre, percibe de manera humanamente inexpresable *este sufrimiento que es la separación*, el rechazo *del Padre*, la ruptura con Dios. Pero precisamente mediante tal sufrimiento cumple la redención, y puede decir al expirar: 'Todo se ha cumplido' (*Jn* 19,30)" [5].

Entonces, por este dolor, también su humanidad resurgirá glorificada y será digna de ascender a la derecha del Padre; además, particularmente por este dolor, los hombres se vuelven hijos de Dios.

"(...) precisamente mientras estaba bajo ese peso –es lo que piensa San Juan de la Cruz– él realizó la obra más maravillosa de todas las que hizo en el cielo y en la

---

[4] "(Y) en ese momento todo se da vuelta. En Jesús la voluntad humana, como en el Getsemaní, consiente: *Padre, en tus manos encomiendo mi espíritu*. El abismo de la desesperación se desvanece como una irrisoria gota de odio en el abismo infinito del amor. La distancia entre el Padre y el Hijo ya no es el lugar del infierno, sino del Espíritu" (PATRIARCA ECUMÉNICO BARTOLOME DE CONSTANTINOPLA, *Comentario al Vía Crucis en el Coliseo*, Roma, 1º de abril de 1994; en "L'Osservatore Romano", 3.4.1994, p. 7).

[5] *Salvifici doloris* 18; EV 9, 650.

tierra durante su vida terrenal tan llena de milagros y de prodigios, obra que consiste en el haber reconciliado y unido a Dios, por gracia, al género humano"[6].

Así nace la Iglesia

Al habernos engendrado en ese grito, allí nace la Iglesia, el pueblo nuevo. Allí es dado *el Espíritu Santo*.

El Espíritu Santo es el que, como Dios, unía a Jesús al Padre. Y en el abandono se oscurece, en Jesús, el vínculo con el Padre[7].

"Al ser el Espíritu Santo –dice Chardon– el verdadero Paráclito, es decir, el perfecto Consolador, (...) obra interiormente en el alma [de Jesús] una cruz más tremenda (...) [que la exterior] con la suspensión de sus maravillosas consolaciones (...)"[8].

Es el precio del don del Espíritu Santo a nosotros, en cuanto vínculo que une a todos los hombres con Jesús y entre ellos, formando el Cuerpo místico de Cristo, el Cristo total.

---

[6] JUAN DE LA CRUZ, *Subida al Monte Carmelo*, II, 7, 9; en *Vida y Obras,* cit., p 495.

[7] (Volviendo a poner) "explícitamente en las manos del Padre divino el eterno vínculo de unión que a él lo ligaba, el Espíritu Santo", Jesús experimenta "hasta lo último el abandono completo también de parte del Padre", muere "en las tinieblas extremas abandonadas por el Espíritu" (H.U. VON BALTHASAR, *Corula ovverosia il caso serio,* Brescia 1969, pp. 30.48).

[8] L. CHARDON, *La croix de Jésus,* cit., pp. 262.264.

En el abandono el sacrificio de Jesús expresa todo su carácter interior, espiritual, divino.

Le había dicho a la samaritana que estaba llegando el tiempo, y era ése, en el cual los verdaderos adoradores habrían adorado al Padre en espíritu y verdad (cf. *Jn* 4, 23): he aquí en Jesús al *Adorador* por excelencia.

Jesús abandonado, el Redentor

En el abandono Jesús es la figura más auténtica, más genuina, más plena, más manifiesta del *Redentor*. Aquí la redención alcanza su punto culminante.

Dice Pascual Foresi: "Jesús abandonado es el símbolo, el signo, la señal más exacta de esta redención.

"Aunque la redención se dió por todos los dolores espirituales y físicos de Jesús, sin embargo el dolor más grande, el que simboliza toda la redención, se da en el momento en el cual él siente la separación del Padre; es allí donde restablece la unidad entre la humanidad y el Padre.

"Por eso se puede ver verdaderamente, en Jesús abandonado, el dolor típico con el cual se ha consumado la redención del género humano"[9].

Jesús en el Huerto se preparaba a la consumación de la redención; la resurrección es fruto de su muerte física, pero sobre todo espiritual. En el abandono Jesús es, en acto, el Redentor; es el Mediador: hecho nada, une los hijos al Padre.

[9] P. FORESI, *Seguir a Jesús*, Ed. Ciudad Nueva, Madrid 1977.

Jesús abandonado, nuestro hermano

Podríamos decir que Jesús en el abandono, redu-
ciéndose a simple hombre, se convierte en *nuestro hermano*; pero, siendo Dios, eleva nuestra convivencia a la
condición de fraternidad sobrenatural: nos ha hecho uno
con él: "Yo en ellos y tú en mí, para que sean perfectamente uno" (*Jn* 17, 23).

"Porque el que santifica y los que son santificados,
tienen todos un mismo origen. Por eso, él no se aver-
güenza de llamarlos hermanos" (*Heb* 2, 11).

A menudo hemos advertido también nosotros
cómo Jesús, después de la resurrección, llama hermanos
a sus discípulos.

"No teman; avisen a mis hermanos que vayan a
Galilea, y allí me verán" (*Mt* 28, 10).

Jesús abandonado, maestro de unidad

En el abandono Jesús es *maestro de unidad*; de la
unidad divina.

El estatuto del Movimiento de los focolares, dejando establecida una larga experiencia de vida, afirma
que "en su esfuerzo por actuar la unidad (los miembros
de la Obra) aman con predilección y tratan de vivir en sí
mismos a Jesús crucificado que, en el culmen de su pasión, gritando: 'Dios mío, Dios mío, ¿por qué me has
abandonado?' (Mc 15, 34; Mt 27, 46), se ha hecho artífice y camino de la unidad de los hombres con Dios y
entre ellos.

"El amor a Jesús crucificado y abandonado —divino modelo para aquellos que desean cooperar a la unidad de los hombres con Dios y entre ellos— lleva a las personas que forman parte de la Obra a ese desapego exterior, y sobre todo interior, que es necesario para realizar toda unidad sobrenatural"[10].

La parte que nos toca a nosotros

Pero, para sacar provecho de tanta gracia, también el hombre tiene que hacer una pequeña parte. Antes que nada, aceptar en la fe este don de Dios, que le es transmitido con el *bautismo*. En él morimos y somos sepultados con Cristo. Y por él resucitaremos[11].

Por otra parte, Dios nos dio un cuerpo también a nosotros para que, por medio de él, le obedezcamos.

Un obedecer que significa cumplir —una vez santificados y hechos hermanos de Jesús— *su voluntad.*

De aquí nuestra posibilidad de hacer también de nuestra vida un sacrificio.

Pablo se expresaba así: "Por lo tanto, hermanos, yo los exhorto por la misericordia de Dios a ofrecerse ustedes mismos como una víctima viva, santa y agradable a Dios: éste es el culto espiritual que deben ofrecer" (*Rom* 12, 1).

---

[10] Obra de María, *Estatutos Generales,* (1999), art. 8.

[11] "¿No saben ustedes que todos los que fuimos bautizados en Cristo Jesús, nos hemos sumergido en su muerte? Por el bautismo fuimos sepultados con él en la muerte, para que así como Cristo resucitó para la gloria del Padre, también nosotros llevemos una Vida nueva" (*Rom* 6, 3-4).

También nosotros somos sacerdotes

Por otra parte, el hecho de que el Apóstol hable de *víctima viva* y de *culto espiritual* significa que también nosotros somos sacerdotes, de ese sacerdocio "real" conferido con el bautismo a todos los cristianos.

Según Pedro: "También ustedes, a manera de piedras vivas, son edificados como una casa espiritual, para ejercer un sacerdocio santo y ofrecer sacrificios espirituales, agradables a Dios por Jesucristo". (*1Ped* 2, 5).

Además, el Apocalipsis dice de los cristianos: "Serán sacerdotes de Dios y de Cristo" (20, 6).

En Jesús, en efecto, todo cristiano es *sacerdote*, porque la unidad ya ha sido restablecida, el acceso a Dios ya no está reservado al sumo sacerdote una vez por año, como en el Antiguo Testamento, sino a todos los bautizados que se han convertido en "una raza elegida, un sacerdocio real" (*1Ped* 2, 9).

El culto que el Padre quiere de nosotros es *un culto espiritual* (los "sacrificios espirituales" de Pedro), como lo quiso del mismo Jesús.

Y la ofrenda consiste, según Pablo, en transformarse y renovarse en la mentalidad "a fin de que puedan discernir cuál es la voluntad de Dios" (*Rom* 12, 2).

Discernir *la voluntad de Dios*, para hacerla.

Hacer esa voluntad de Dios, que también nuestro Movimiento subraya tanto, como expresión de nuestro amor a Dios.

Entonces, la voluntad de Dios que seguimos, nos hace *sacerdotes* y *víctimas* al mismo tiempo.

Quizás Dios ha suscitado nuestro Movimiento también con esta finalidad: para que contribuyamos a la revitalización del sentido sacerdotal en el pueblo cristiano, como quiere el Vaticano II[12], al estilo de los primeros cristianos.

El apostolado como culto

Pensando en los primeros cristianos vemos además cómo para ellos el *apostolado* era, y de modo particular, un culto.

Dice Pablo: "Dios, a quien tributo un culto espiritual anunciando la Buena Noticia de su Hijo, es testigo (...)" (*Rom* 1, 9).

Anunciando el Evangelio, el apóstol hace la voluntad de Dios y se ofrece a sí mismo como víctima.

Anunciando el Evangelio, el apóstol realiza también un verdadero sacrificio, ofreciendo a Dios a los que ha convertido, que se presentan como víctimas transformados por el Espíritu Santo de "carnales" en "espirituales" (cf. *Rom* 15, 16).

A menudo éstos eran llamados "primicias" (término usado en general para el culto): "Nosotros, por nuestra parte, siempre debemos dar gracias a Dios, a causa de ustedes, hermanos amados por el Señor. En efecto, Dios los eligió desde el principio" (*2 Tes* 2, 13)[13].

[12] Cf. LG 10 y 34.

[13] *N. del T.*: en el original italiano, el texto evangélico citado describe a los destinatarios de la carta de Pablo como "primicia" elegida por Dios: "... *perché Dio vi a scelti come premizia...*".

¿No es acaso éste el culto característico, que también nuestro Movimiento eleva a Dios?

Al fin y al cabo, la acción de nuestra Obra, ¿ no es otra cosa que convertirnos y reconvertirnos a Dios, y convertir y reconvertir a muchas personas?

También nosotros tenemos, en nosotros y en muchos, víctimas espirituales y primicias para ofrecer a Dios en todo el mundo.

Alegrémonos, entonces, porque nuestra vida, toda nuestra existencia, vivida de acuerdo a las líneas que Dios nos ha dado y la Iglesia ha bendecido –voluntad de Dios para nosotros–, es un culto continuo que ofrecemos a Dios, es la expresión genuina del sacerdocio real del que todos estamos investidos.

JESUS ABANDONADO Y LA OBRA DE MARIA

Como la Iglesia

Dios ha concentrado nuestra alma, desde los comienzos del Movimiento, precisamente en el abandono de Jesús en la cruz y es en ese dolor, y por ese dolor, punto culminante de la pasión, que nuestro Movimiento se ha desarrollado.

Diré cómo han sucedido las cosas, pero antes he aquí una constatación que podemos hacer enseguida: las líneas de la *gran historia* de la fundación de la Iglesia se vuelven a encontrar, en cierto sentido, en la historia de nuestro Movimiento que, aun en su pequeñez, es Iglesia: una obra, la nuestra, con la fisonomía de su Madre, como afirmó Juan Pablo II en agosto de 1984: "Ustedes entienden seguir auténticamente esa visión de la Iglesia, esa autodefinición que la Iglesia da de sí misma en el Concilio Vaticano II"[1].

Sabemos todos que el punto de partida de la salvación del género humano es el amor de Jesús por el Padre. Sabemos además cómo este amor impulsó a Jesús a cumplir lo que el Padre deseaba, es decir, a hacer la vo-

[1] JUAN PABLO II, *Discurso al Movimiento de los Focolares*, Rocca di Papa, 19 de agosto de 1984; en "L'Osservatore Romano", 20-21/8/1984, p. 5.

luntad del Padre. La voluntad del Padre, por otra parte, se sintetizaba prácticamente en amar a los hermanos y Jesús dio su vida por amor a ellos: "No hay amor más grande que dar la vida por los amigos" (*Jn* 15, 13).

Pues bien, si observamos nuestro Movimiento, vemos que también éste parte de un deseo de amor: amar a Dios que, en los primeros días de nuestra historia, habíamos vuelto a descubrir como Amor, *como Padre*.

Y también para nosotros este amor se traducía, y se traduce, en hacer la voluntad de Dios, que se sintetiza en el mandamiento nuevo: "ámense los unos a los otros como yo los he amado" (*Jn* 15, 12).

De manera que también para nosotros amar a Dios tiene este significado: estar dispuestos a morir los unos por los otros (cf *Jn* 15, 13).

¿Quién es el amor?

Un precedente de nuestra historia.

No existía todavía el primer focolar; no conocía todavía a la primera de mis compañeras. Daba clases. Un día se me acerca una persona muy apostólica. Se ocupaba de un grupo de jóvenes que había logrado acercar a la religión con encuentros recreativos, música, historias entretenidas. Me pregunta si puedo darle una charla a ese grupo. Contesto afirmativamente.

Pero, "¿De qué va a hablar?", me pregunta. "Del amor", le contesto. "¿*Qué es el amor?*", me pregunta entonces con curiosidad. "*Jesús crucificado*", respondo.

Esta ha sido quizás la primera vez que, en mi vida de futura focolarina, hablé de él.

En aquella época, incluso en ambientes notoriamente fieles a la religión como era el nuestro, no era frecuente oír hablar de amor. Menos todavía creer que el Crucificado, que atrae a todos a sí, fuera un arma válida para el apostolado aún en este siglo.

Sin embargo –lo confieso– aún hoy no sé quién me puso en los labios esa definición del amor.

Lo comprendí más tarde: Jesús crucificado –lo dice también San Pablo– "se entregó por nosotros" (*Ef* 5, 2), "me amó y se entregó por mí" (*Gal* 2, 20).

El libro de los libros

Que luego el Crucificado se haya manifestado muy pronto en la vida de las primeras focolarinas, con la exigencia de revivirlo en nosotros para concretar nuestro amor a Dios, se constata en una carta que yo misma escribí en 1944:

"Les envío un pensamiento que sintetiza toda nuestra vida espiritual: ¡Jesús crucificado!

Aquí está todo.

Es el libro de los libros.

Es el compendio de todo saber.

Es el amor más ardiente.

Es el modelo perfecto.

Tengámoslo como único ideal de nuestra vida.

El es el que arrastró a San Pablo a tal santidad...

Que nuestra alma, necesitada de amor, lo tenga delante siempre en cada momento presente.

Que nuestro amor no sea sentimentalismo.

Que no sea compasión externa.
Que sea conformidad (a él)".

El dolor más grande

Casi contemporáneamente, sin embargo, vemos que junto al adjetivo "crucificado" se agrega otro: "abandonado".

Esto, ¿qué significa? ¿Cómo se dio la manifestación de Jesús abandonado como nuestra vocación específica?

El 24 de enero de 1944, un sacerdote nos había dicho que *el dolor más grande* de Jesús se había dado cuando en la cruz gritó: "Dios mío, Dios mío, ¿por qué me has abandonado?" (*Mt* 27, 46; *Mc* 15, 34).

Entre los cristianos de aquel tiempo la idea que se tenía era que el dolor más grande había sido el del Getzemaní. Pero nosotros, con una gran fe en las palabras del sacerdote, porque era ministro de Cristo, creímos que el máximo dolor había sido el del abandono.

Hoy sabemos, por otra parte, que esa convicción se está convirtiendo en patrimonio común de la teología y de la espiritualidad.

El encuentro con ese sacerdote se debió a una circunstancia externa, pero –lo vemos ahora– era *la respuesta* que Dios daba a nuestra oración, cuando, fascinadas por la belleza de su Testamento, las primeras focolarinas, todas unidas, le habíamos pedido a Jesús, en su Nombre, que nos enseñara a realizar la unidad por la cual había orado al Padre antes de morir.

Pues bien, en estos cincuenta y seis años de vida del Movimiento, hemos constatado siempre que lo que da la posibilidad de realizar la unidad es precisamente el amor a Jesús crucificado y abandonado.

Su elección

Por otra parte, esta circunstancia contenía para nosotras un mensaje: Jesús abandonado se presentaba por primera vez para que lo eligiéramos o, mejor dicho, para *elegirnos* él a nosotras, para invitarnos a ser sus discípulas: "No son ustedes los que me eligieron a mí, sino yo el que los elegí a ustedes" (*Jn* 15, 16).

Por lo tanto, él se ponía a la cabeza de la multitud de personas que, con nosotras, lo han seguido, lo siguen y lo seguirán.

Entonces, no tuvimos dudas.

Fue *un llamado* fuerte y decisivo.

Así es como Jesús abandonado se convirtió muy pronto en nuestro todo.

Semillas de grandes cosas

En los primeros tiempos sucedían pequeños episodios, cada uno de los cuales se manifestó como semilla de cosas más grandes, que luego se desarrollarían.

Una comprensión más profunda del Evangelio y el nacimiento, y desarrollo, de una nueva espiritualidad en la Iglesia, se iniciaron en aquellos días de guerra cuando abrimos *el Evangelio en los refugios antiaéreos*.

La comunión de los bienes, que luego se realizaría de distintas maneras en todo el vasto Movimiento, nació en el momento en el cual las primeras focolarinas sintieron la necesidad de poner todos los pocos *bienes en común*.

El nacer de una doctrina "nueva" en el árbol de la gran Tradición –doctrina que expresaba nuestra espiritualidad y que se fue dando decenas de años después–, tuvo su comienzo cuando guardé *mis libros en el altillo*.

Así también, el momento de la elección de aquél que íbamos a amar toda la vida, dejando todo de lado, tuvo su comienzo visible, externo, el día que, sacando los pobres muebles del pequeñísimo departamento donde residía el primer focolar, sólo dejamos en nuestra habitación *colchones* para dormir en el suelo y un *cuadro*: la figura de Jesús abandonado, colgado en la pared blanca de enfrente.

Esto, sólo esto, en esa desnudez, al despertar todas las mañanas nos daba la posibilidad de recordar que habíamos elegido para toda la vida únicamente a él, Jesús crucificado y abandonado.

También se remonta a los primeros años del Movimiento una *declaración* a Jesús y a María, que todavía algunos repiten, y que se decía a la mañana al despertar: "Porque estás abandonado, porque estás desolada", casi como una oración que expresaba el sentido de nuestra jornada.

Se pueden reconocer otros pequeños signos, que evidencian esa elección única que habíamos hecho, en las *siglas* que poníamos en el encabezamiento de nuestras cartas.

Una de ellas, abreviada sólo a las iniciales de la frase: "Porque yo amo a Jesús abandonado", (N. del T.: En el original italiano *Perché Io Amo a Gesú Abandonato*) resultaba —cosa que a nosotras nos alegraba— P.I.A.G.A., en castellano "llaga". Nos recordaba la misteriosa llaga espiritual abierta por esa inmensa prueba, nos imaginábamos nosotras, en el corazón de Jesús.

Jesús abandonado en las primeras cartas

Las cartas que circulaban entre las primeras focolarinas, muchas de las cuales se conservan, hablan de la vehemencia del amor completamente desinteresado por este gran ideal, que el Señor había suscitado en nuestro corazón.

Es más, ya hacía prever los frutos que Jesús abandonado, amado y vivido, habría podido producir.

"En el cumplimiento de la voluntad de Dios —se decía en una de ellas— que está toda en el amor a Dios y al prójimo, al punto de consumirnos en la unidad, encontraremos la cruz sobre la cual debemos crucificarnos.

¡No tengamos miedo! ¡Es más, alegrémonos! ¡Es nuestra meta!

Jesús tiene necesidad de almas que sepan amar así: que lo elijan, no por la alegría que da el seguirlo, no por el Paraíso que nos prepara ni por el premio eterno, no para sentirnos en regla.

No. Sólo porque el alma sedienta del verdadero amor quiere ser una sola cosa con la suya: con esa Alma divina, desgarrada hasta la muerte, obligada a gritar: "Dios mío, Dios mío, ¿por qué me has abandonado?".

Tenemos una sola vida y, además, ésta es breve. Luego, el Paraíso. Luego: siempre con él.

¡Seguiremos al Cordero adonde vaya!

No tengamos miedo de sufrir, al contrario.

Pero busquemos ese sufrimiento que nos ofrece la voluntad de Dios; (...) esa voluntad de Dios que es amor recíproco: el mandamiento nuevo, ¡la perla del Evangelio!

Pidámosle al Eterno Padre, en nombre de Jesús, la gracia de que acelere la hora en que todas seamos una sola cosa, un solo corazón, una sola voluntad, un solo pensamiento. (...)

Entonces, Dios vivirá entre nosotras: lo sentiremos. ¡Gozaremos con su presencia, nos dará su luz, nos inflamará con su amor!".

Misterio de amor

El dolor del abandono de Jesús por parte del Padre, misterio del amor de Jesús por los hombres, tan intenso, tan agudo, comenzaba a penetrar en nosotros y a hacerse conocer, a atraernos, a hacerse amar.

Era hermoso este Hombre-Dios reducido por amor a piltrafa, a vergüenza, "a la nada", según el dicho del salmista: *"Ad nihilum redactus sum..."* (Sal 73 [72], 22: según la Vulgata), excluido de la tierra y del cielo, para introducirnos en el Reino, coherederos con él, colmados de su luz, de su amor, de su potencia, plenos de dignidad, altísimos.

Había *dado todo*. Una vida junto a María en las privaciones y en la obediencia.

Tres años de predicación revelando la Verdad, dando testimonio del Padre, prometiendo el Espíritu Santo y haciendo toda suerte de milagros de amor.

Tres horas de cruz, desde la cual perdonó a los verdugos, abrió el Paraíso al ladrón, nos entregó a nosotros su madre y, finalmente, su cuerpo y su sangre, después de haberlos dado místicamente en la Eucaristía.

Le quedaba la divinidad. Su unión con el Padre, dulcísima e inefable, que lo había hecho tan potente en la tierra, como Hijo de Dios, y le había dado tanta realeza en la cruz. Ese sentimiento de la presencia de Dios tenía que descender hasta el fondo de su alma, no hacerse sentir más, desvincularlo de algún modo de aquél con el cual había afirmado ser uno: "El Padre y yo somos una sola cosa" (*Jn* 10, 30). En él el amor se había anulado, la luz se había apagado, la sabiduría callaba[2].

---

[2] "Desde la hora sexta, se hizo la oscuridad sobre toda la tierra hasta la hora novena. Y hacia la hora novena Jesús lanzó un gran grito: *«Elei, Elei, lema sabajtanei»*, que significa: «Dios mío, Dios mío, ¿por qué me has abandonado?»* (...) La tierra tembló, y las piedras se partieron, y las tumbas se abrieron" (*Mt* 27, 45-52). Las señales del Juicio acontecen en la naturaleza, pero también son las señales de que las puertas del infierno han saltado: (...) hasta allí puede también meterse la luz descendida de la Redención' (H.U. VON BALTHASAR, *El cristiano y la angustia*, Madrid 1959, p. 66). "(...) Llega hasta el abandono más absoluto..." (H.U. VON BALTHASAR, *Teodramática*, IV, Madrid 1995, p. 338).

45

"La kénosis de la Divinidad –dice Bulgakov– (...) es tan profunda que al Dios-Hombre se le abre el abismo de la muerte, con las tinieblas del no ser, con toda la intensidad del abandono de Dios. La cima vertiginosa de *la nada* de la criatura se abre con la muerte para el mismo Creador. Y el grito de la cruz: '*Eli, Eli, lema sabacthani*', es el punto extremo de la extenuación de la Divinidad en el anonadamiento de la crucifixión"[3].

Lo que se dice de él

Es importante y estupendo para nosotros, del Movimiento, conocer todo lo que han dicho de él teólogos particularmente autorizados fuera de nuestra Obra. Es el caso, por ejemplo, de von Balthasar: "Ese Logos, en el cual todo en el cielo y en la tierra está reunido y posee su verdad, cae él mismo en la oscuridad, (...) en la ausencia de toda relación con el Padre, que únicamente sostiene toda verdad; y por lo tanto en un ocultamiento, que es precisamente lo opuesto de la manifestación de la verdad del ser.

(...) El cántaro de la Palabra está vacío, porque está sellada la fuente en el cielo, la boca que habla, el Padre. El Padre se ha retirado. Y las palabras del abandono, gritadas en la oscuridad, son como agua quieta...

(...) La única manera de hablar que queda es la pregunta.

³ S. BULGAKOV, *L'Agnello di Dio*, Roma 1990, pp. 381-382.

(...) El fuerte grito. Es la palabra que ya no es palabra, que por lo tanto no podrá ser entendida ni explicada como palabra.

Se trata, literalmente, de lo 'indecible', (...) que está infinitamente más allá de lo que puede ser expresado con palabras articuladas en el mundo creado.

(...) Está por debajo de la palabra (...) lo que es elegido por la potencia del cielo, (...) para convertirse en portador de la sobre-palabra eterna (...).

El inarticulado grito de Jesús en la cruz no es negación de la articulada proclamación a los discípulos al pueblo (...), sino más bien el fin de todas aquellas articulaciones, (...) que (...) habla con la máxima fuerza allí donde ya no es posible decir algo articulado"[4].

Se había *comprometido* con los hombres, se había hecho pecado con los pecadores; había firmado un cheque en blanco de un valor infinito, que sólo él estaba en condiciones de pagar. Para hacernos hijos de Dios se privaba del sentimiento de ser él mismo Hijo de Dios.

Ahora el Padre permitía esta tiniebla y aridez infinita del alma, esta nada infinita.

Escribe San Juan de la Cruz: "(...) Cierto está que al punto de la muerte quedó también aniquilado en el alma sin consuelo y alivio alguno, dejándole el Padre así en íntima sequedad según la parte inferior, por lo cual fue necesitado a clamor diciendo: ¡Dios mío, Dios mío! ¿por qué me has abandonado? (*Mt* 27,46); lo cual fue el

[4] H.U. VON BALTHASAR, *Il tutto nel frammento,* Milán 1990, pp. 247-249.

mayor desamparo sensitivamente que había tenido en su vida"[5].

"El aniquilamiento es tanto mayor –escribe R. Guardini– cuando más grande es el ser a quien anonada.

"Nadie ha muerto como Jesucristo, porque era la misma Vida. Nadie ha expiado el pecado como él, porque era la misma Pureza. Nadie ha caído tan hondo en la nada –hondura terrible provocada por las palabras: 'Dios mío, Dios mío, ¿por qué me has abandonado?'– porque era el Hijo de Dios"[6].

Por lo tanto, se hacía nada para hacernos partícipes del Todo; gusano[7] de la tierra, para hacernos hijos de Dios.

Estábamos separados del Padre.

Era necesario que el Hijo, en el cual estábamos representados todos, experimentara la separación del Padre. Tenía que hacer la experiencia del abandono de Dios, para que nosotros nunca más estuviéramos abandonados.

El había enseñado que nadie tiene una caridad mayor que quien se juega la vida por sus amigos.

El, la Vida, se jugaba todo. Era el punto culminante, la más hermosa expresión del amor.

[5] JUAN DE LA CRUZ, *Subida al Monte Carmelo*, II, 7, 11; en *Vida y Obras*, cit., p. 495.

[6] R. GUARDINI, *El Señor*, Buenos Aires 1986, p. 712.

[7] Salmo 22 (21), 7: "Pero yo soy un gusano, no un hombre".

¡Amaba como ama Dios! Con un amor grande como Dios[8.]

¡Era hermoso, hermoso, hermoso, este divino Amor de nuestras almas!

Enamoraba

Nos fascinaba, quizás nos enamoraba porque, desde el primer momento, comenzamos a verlo por todas partes: se presentaba con los *rostros* más diversos en todos los aspectos dolorosos de la vida; no eran otra cosa que él, eran solamente él; eran, aunque siempre nuevos, únicamente él.

[8] "Este redentor (...) es Cristo en el acto supremo de su amor, Cristo en el acto en el cual él, en cierto modo, estalla de amor, para ser todo obediencia al Padre y todo entrega a los hombres" (E. MERSCH, *La theologie du Corps Mystique*, II, París 1954, p. 330).

COMO Y DONDE DESCUBRIRLO

Sombras de su dolor

Nos atraía hacia él, lo descubríamos en cualquier dolor físico, moral o espiritual: eran todos una sombra de su gran dolor.

Sí, porque Jesús abandonado es *la figura* del mundo: no sabe ya hablar, no sabe qué más decir – "*et nescivi*": y no comprendía (Sal 73 [72], 22)–.

Es la figura del ciego: no ve; del sordo: no oye.

Es el cansado que se lamenta.

Parece al borde de la desesperación.

Es el hambriento... de unión con Dios.

Es la figura del iluso –parece fracasado– del traicionado.

Está atemorizado, desorientado.

Jesús abandonado es la oscuridad, la melancolía, el contraste, la figura de todo lo que es extraño, indefinible, que parece monstruoso, ¡es un Dios que pide ayuda a gritos!... Es el sin sentido[1].

---

[1] "El Hijo se halla en el total abandono por parte de los hombres y por parte de Dios, como suspendido entre el cielo y la tierra; y la tiniebla de la culpa del mundo que porta sobre sus espaldas, vela todo horizonte de sentido de su pasión e impide vislumbrar su triunfo, porque, ante el amor

Es el solo, el desvalido... Aparece inútil, descartado, shockeado...

En nosotros

Cualquier dolor se nos representaba como un rostro de Jesús abandonado para amar y querer, y así ser con él, como él, y dar también nosotros, en unión con él, con nuestro sufrimiento amado, la vida a nosotros y a muchos.

Entrando en este camino de la unidad lo habíamos elegido únicamente a él: en un arrebato de amor habíamos decidido sufrir con él, como él.

Pues bien, la experiencia hecha por todos es que Dios, sólo amor, no se deja ganar en generosidad y cambia, por *una alquimia divina*, el dolor en amor. Y esto equivale a decir que nos hacía Jesús, experimentado en nosotros por medio de los dones del Espíritu, dones que el amor sintetiza.

Constatábamos que apenas se gozaba de cualquier dolor, para ser como él, abandonado, que se abandona en el Padre, y luego se lo seguía amando, haciendo la voluntad de Dios del momento presente, entonces el dolor, si era espiritual, por lo general desaparecía, y si era físico se convertía en una carga liviana.

Nuestro amor puro, es decir, nuestro gozar del dolor, en contacto con el dolor lo transformaba en amor;

gratuito de Dios, el pecado carece en absoluto de sentido y de razón".
(H.U. VON BALTHASAR, *Teodramática,* IV, cit., p. 332).

en cierto modo lo divinizaba, casi prolongaba en nosotros –podríamos decir– la divinización que Jesús hizo del dolor[2.]

Entonces, después de cada encuentro con Jesús abandonado, amado, se encontraba a Dios de un modo nuevo, más cara a cara, en una *unidad más plena.*

Volvía la luz y la alegría y, con ellas, la paz, que esfruto del Espíritu. Esa paz particular que Jesús ha prometido y que, para obtenerla –así lo sentíamos– había que hacer del tormento, de la angustia, de las agonías del alma, de los desasosiegos, de las tentaciones, una ocasión para amar a Dios.

En los hermanos

Lo veíamos, además, en todo hermano que sufría.

Entonces, acercándonos a aquellos que se asemejaban a él, *les hablábamos* de Jesús abandonado. Y a los que se veían semejantes a él y aceptaban compartir con él su suerte, Jesús abandonado resultaba: para el mudo la palabra, para el que no sabe, la respuesta, para el ciego la luz, para el sordo la voz, para el cansado el descanso, para el desesperado la esperanza, para el hambriento la saciedad, para el iluso la realidad, para el traicionado la fideli-

---

[2] "Allí donde la tribulación de la Iglesia y la oscuridad personal de fe se viven como participación en el abandono del Señor, entonces Dios hace surgir en la tierra oscura semillas que mañana crecerán y florecerán. (...) Esta es la promesa: los cristianos de mañana vivirán en la oscuridad de Dios que cubre el mundo, pero en ella 'verán el sol'" (H. SCHÜRMANN, *Gesù di fronte a la propria morte*, Brescia 1983, pp. 186.187).

dad, para el fracasado la victoria, para el temeroso el valor, para el triste la alegría, para el incierto la seguridad, para el raro la normalidad, para el solo el encuentro, para el separado la unidad, para el inútil lo único que es útil. El excluido se sentía elegido. Jesús abandonado era, para el inquieto la paz, para el sin techo la casa, para el rechazado el reencuentro.

Con él las personas se transformaban; el sin sentido de la vida, de esta manera, adquiría sentido.

Como dicen los Padres: "Todo lo que ha sido asumido ha sido redimido". Y el teólogo Karl Rahner comenta: "Todo lo que él asumió, quedó redimido, porque se transformó en vida de Dios y en destino de Dios. Asumió la muerte, y, por tanto, la muerte ha de ser algo más que la caída en una vacía falta de sentido. Asumió el ser abandonado, y, por consiguiente, la soledad agobiante ha de esconder en sí la promesa de una feliz cercanía de Dios. Asumió el fracaso, y, por tanto, el fracaso puede ser un triunfo. Asumió el ser abandonado por Dios; y, por tanto, la cercanía de Dios se da aun allí donde nos sentimos abandonados por él. Lo asumió todo y, por tanto, ha quedado redimido"[3].

En los pecadores

A Jesús abandonado lo hemos amado especialmente en los pecadores.

[3] K.RAHNER, «Misterios de la vida de Jesús, Mirad qué hombre», en «Escritos de Teología», VII, Madrid 1967, p. 152.

Habiéndose hecho él maldición, *pecado*[4], aunque no pecador, por todos nosotros, era el punto de contacto con cualquiera que se llame hombre.

El es el plano inclinado para todos los hombres, aún los más miserables.

Pensábamos que, habiendo sido abandonado por todos, cualquiera en el mundo podía decir: es mío. Es mío porque nadie lo quiere: despojo del mundo y del cielo.

Jesús abandonado se nos presentaba entonces verdaderamente como la perla preciosa para todos los seres humanos que, en el fondo, somos todos pecadores.

Expresión de todos los amores

Jesús abandonado nos parecía, además, la expresión de todos los amores.

El es *la madre*.

"Dios mío, Dios mío, ¿por qué me has abandonado?", no es acaso el grito de los dolores del parto divino de todos nosotros, hombres, a hijos de Dios?[5]

---

[4] "(...) Haciéndose él mismo maldición por nosotros" (*Gal* 3, 13). "A aquél que no conoció el pecado, Dios lo identificó con el pecado en favor nuestro, a fin de que nosotros seamos justificados por él". (*2 Cor* 5, 21).

[5] "Por eso lo que ocurre se interpreta con la imagen de los dolores del parto. En el Antiguo Testamento, era ésa la imagen para la angustia del día del Juicio (...), en la que (sin embargo) no parece tomar parte la fecundidad (cf. *Is* 13, 8; *Jer* 4, 31). Sólo en el Nuevo Testamento, en el parto de la angustia de la Cruz, la imagen se llena con su sentido completo (...): 'La

Jesús abandonado es el *hermano* porque en su pasión nos hace a todos *hermanos* suyos en el plano sobrenatural.

Es el *esposo* del alma porque es principio de unidad, une, funde en uno.

Es *padre* en cuanto da como fruto la nueva creación.

De todo acontecimiento doloroso

Cualquier *acontecimiento doloroso* era también un rostro de él.

Por ejemplo, cuando alguien que nos ayudaba dejaba de hacerlo, nos sentíamos un poco como él, sin apoyo del Padre, como él que había dicho: "Yo no estoy solo, porque el Padre está conmigo" (Jn 16, 32).

Jesús abandonado era, entonces, nuestro único apoyo.

Nos alegraba ser un poco como él y él infundía en nosotros una fuerza nueva.

---

mujer, cuando está por parir, tiene tristeza, porque llegó su hora; pero cuando ha nacido el niño, ya no se acuerda del dolor, por la alegría de que ha venido un hombre al mundo' (*Jn* 16, 21). A partir del parto de angustia de la nueva era en la cruz, toda angustia posterior aparece transformada en su valor. Tiene la posibilidad de tomar parte en la angustia fecunda de la cruz, '(...) Y toda angustia en el mundo resulta desde ahí, mediante el dolor de los hijos de Dios y sostenida por los suspiros del Espíritu Santo, en angustia del parto del mundo nuevo (cf. *Rom* 8, 19-27)'" (H.U. BALTHASAR, *El cristiano y la angustia*, cit., pp. 66-68).

Pero Jesús abandonado recuerda y es también la figura de todo imprevisto, de la espera, del accidente, de la sorpresa, de la duda, de la acusación, de la condena, del proceso, del exilio, de la excomunión, de la orfandad, de la viudez, del divorcio, de la desaparición, de la tragedia, del drama, del rayo, de la catástrofe.

Nunca terminaríamos de encontrarlo en todas partes, en este valle de lágrimas que es la tierra.

LO QUE OBRA JESUS ABANDONADO

Restablece la unidad

Jesús abandonado era también quien restablecía la unidad entre nosotros siempre que se producía alguna grieta.

Sólo en la unidad, donde está Jesús en medio, habíamos encontrado la plenitud de la vida. Fuera de ella, el vacío. Y allí estaba el antídoto: él.

Quien, en el focolar, se sentía herido por el abandono del hermano, comprendía que se encontraba en un estado de ánimo semejante al suyo y se esforzaba por alegrarse de este dolor. Y no sólo eso, sino que veía en el hermano a otro Jesús abadonado que se debía amar.

Entonces, el amor restablecía la unidad.

Si los que han dado inicio al Movimiento no lo hubieran tenido a él en las pruebas de la vida, la unidad no existiría, a no ser que Dios la hubiese querido suscitar en otros lugares.

Jesús abandonado ganó en nosotros todas las batallas, las más terribles. Pero había que estar locos de amor por él, *síntesis* de todos los dolores del cuerpo y del alma: *medicina,* por eso, de todo dolor del alma y alivio de cada dolor del cuerpo[1].

---

[1] K. Rahner dice: "Me parece que el Crucificado ha pasado por todas estas formas, cuando en la cruz, sin una ideología piadosa, gritó: 'Dios

Cuando llegaba se lo abrazaba inmediatamente con ardor, y se encontraba la vida.

Hace perfectos en la unidad

Jesús abandonado era el que nos hacía *perfectos en la unidad*.

En su testamento Jesús había dicho: "Yo en ellos y tú en mí, para que sean perfectamente uno" (Jn 17, 23).

Si Jesús estaba *en mí*, si Jesús estaba *en el otro*, si Jesús estaba en todos, habríamos sido, en ese momento, perfectos en la unidad.

Pero –repito– para que Jesús estuviera en nosotros teníamos que amar a Jesús abandonado en todos los dolores, vacíos, fracasos y tristezas de la vida.

Si Jesús estaba en mí y en los otros, al encontrarnos nos reconocíamos el uno en el otro y nos sentíamos hermanos. Entonces la gracia nos impulsaba a vivir este ideal con decisión y perseverancia precisamente para que la perfección de la unidad no decayera nunca.

Nos convierte en madres de almas

Por otra parte, viviendo de esta manera, a nuestro alrededor se multiplicaban las conversiones. En nuestras

mío, Dios mío, ¿por qué me has abandonado?'... sobreentendiendo tácitamente, pero con ánimo generoso: 'Padre, en tus manos encomiendo mi espíritu' (*Lc* 23, 46)" (K. RAHNER, *La gracia como libertad*, Barcelona 1971, p. 222).

almas estaba presente la Palabra: "No hay remisión de los pecados sin derramamiento de sangre" (*Heb* 9, 22).

Y sin derramamiento de lágrimas nos hay vuelcos radicales de almas.

Veíamos que esa luz, esa alegría y esa paz particulares, florecidas del dolor amado, impresionaban y desarmaban aun a las personas más difíciles. Se experimentaba que, clavados en la cruz, se era *madres* y padres *de almas*. La vida en unidad con Jesús abandonado tenía, por eso, la máxima fecundidad.

Forma la comunidad cristiana

Cuanto más amábamos a Jesús abandonado, más comprendíamos algo del misterio de la unidad generada por Jesús en la cruz.

Nos habíamos puesto como otros tantos leños cruzados para ser encendidos y quemados por Jesús entre nosotros.

El calor, mantenido y acrecentado, se había difundido, de modo que muchos, al ponerse en contacto con nosotros, estaban convencidos de haber encontrado a Dios.

Es así como se iba formando, desde los primeros meses, *la comunidad* con Cristo en medio de todos. Y las personas iban asimilando el espíritu de Jesús.

Sus palabras decidían nuestro modo de actuar. Cada quince días se vivía una de ellas en profundidad.

Y las promesas evangélicas reveladas por ellas se verificaban al pié de la letra.

"Busquen primero el Reino de Dios y su justicia, y todo lo demás se les dará por añadidura" (*Mt* 6, 33).

Y eso era lo que hacíamos. Entonces él mismo tomaba en sus manos nuestras cuestiones, penetraba hasta los más pequeños pensamientos o deseos y los satisfacía.

El Evangelio, todo el Nuevo Testamento, nos alimentaba el alma. Y las palabras de Dios –como las interpreta la Iglesia– venían a sellar, además de inspirar, nuestras acciones.

"No se dejen tampoco llamar 'maestros'..." (*Mt* 23, 10).

Sólo Jesús entre nosotros era maestro, padre, guía.

Nuevas luces sobre Jesús abandonado

A medida que nuestra vida se iba reevangelizando, el amor a Jesús abandonado iba en profundidad.

Comprendíamos que Jesús abandonado es modelo de los que *aman a Dios* con todo el corazón, con toda el alma, con todas las fuerzas, el modelo de los "enamorados" de Dios. En efecto, Jesús abandonado ama a Dios precisamente cuando Dios lo abandona.

Jesús abandonado es modelo de quien tiene que *construir la unidad* con los hermanos. En efecto, yo no puedo entrar en otro espíritu si el mío es rico. Para amar al otro hermano tengo que hacerme constantemente tan pobre de espíritu como para no poseer otra cosa que amor. Y el amor es vacío de uno mismo. Jesús abandonado es el modelo perfecto de un pobre de espíritu: es tan pobre que no tiene ni siquiera Dios, podríamos decir. No lo siente.

Jesús abandonado es modelo de *renuncia* y de *mortificación*. En efecto, él no está sólo mortificado en sentido exterior, porque está crucificado, sino también mortificado en el alma. En el alma renuncia a lo más querido que tiene: su unión con Dios. Es la renuncia a sí mismo de un Hombre-Dios.

Es modelo perfecto de aquel que *pierde la propia alma en Dios*. Modelo de las personas que, por ejemplo, tienen que renunciar a las propias ideas, y no sólo eso, sino también a las inspiraciones de la gracia, para someterlas a sus superiores.

Es modelo, por lo tanto, de verdadera unidad con quien nos representa a Dios. Así como Jesús y el Padre son una sola cosa, así también cada uno tiene que ser una sola cosa con su propio superior.

Jesús abandonado es el que da luz a quien espera *contra toda esperanza*.

Es modelo del que *confía*: confíen –había dicho– "yo he vencido al mundo" (*Jn* 16, 33).

En efecto, nadie tuvo una confianza tan grande como él que, abandonado por Dios, se confió a Dios; abandonado por el Amor se confió al Amor.

Jesús abandonado es modelo del que quiere da *gloria a Dios*. En efecto, en el abandono, anulándose completamente a sí mismo, dice que Dios es todo.

Jesús abandonado es modelo de los que "mueren en el Señor" (*Apoc* 14, 13). En efecto, él está místicamente muerto y como tal muere también físicamente en Dios.

Dice el Apocalipsis: "Sus obras los acompañan" (*Apoc* 14, 13).

Pues bien, la obra de Jesús ha sido la de haber dado al Padre muchos hijos, regenerándolos con la propia vida.

Jesús abandonado vive todo el Evangelio

Si nos pusiéramos a considerar *cada exhortación* que Jesús hace en el Evangelio, veríamos que en ese momento él las ha vivido a todas.

Jesús abandonado revive en sí, en ese momento, el "que no me ame más que a su padre y a su madre y hasta a la propia vida" (cf.*Lc* 14, 26).

Jesús abandonado puede repetir en sí todas las *bienaventuranzas*.

En Jesús abandonado brillan de manera única *las virtudes*: la fortaleza, la paciencia, la templanza, la perseverancia, la justicia, la magnanimidad...

Jesús abandonado parece sólo hombre: por eso nunca ha estado tan *cerca del hombre* como en ese momento y, por consiguiente, nunca lo ha amado tanto. Al mismo tiempo, nunca ha estado tan *cerca del Padre*[2]: por amor a él, muere, y muere de ese modo.

---

[2] A Catalina de Siena, después de una grave tentación vencida con un

Por lo tanto, si en el amor a Dios y al prójimo están "la ley y los profetas" (*Mt* 7, 12), aquí Jesús realizó plenamente *todo deseo y mandato* de Dios.

Por eso Jesús abandonado es el *camino directo* a la santidad, porque provoca la unidad con el Santo.

Bastaba entonces mirarlo a él, vivir como él en cada momento, y habríamos hecho todo.

Eso es lo que hicimos. Todo se simplificó.

supremo esfuerzo de voluntad, se le aparece Jesús Crucificado: "'Catalina, hija mía -le dijo-, ¿viste cuánto he padecido por tí? Que no te pese, entonces, sufrir por mí...'. Pero ella: 'Señor mío, ¿dónde estabas cuando mi corazón se sentía atribulado por tantas tentaciones?'. Y el Señor: 'Estaba en tu corazón'". (G. JOERGENSEN, *Santa Caterina di Siena*, Turín, p. 49).

UN PERIODO LUMINOSO

Nos esforzábamos por vivir en los hechos la nada de nosotros para que él viviera en nosotros. Y también la nada de nosotros para que él triunfara entre nosotros.

Un día de 1949, en la santa Comunión amada y vuelta a descubrir como vínculo de unidad, Igino Giordani[1] y yo le pedimos a Jesús que, sobre esta nada, uniera nuestras almas como él sabía hacerlo.

Entonces, por una gracia especial, hicimos la experiencia de lo que significa ser una célula viva del Cuerpo místico de Cristo: era ser Jesús y estar, como tales, en el seno del Padre. Y de nuestro labios brotó "¡Abba, Padre!" (*Rom* 8, 15; *Gal* 4, 6).

En ese momento la religión se nos mostró nueva. No pareció que consistía en ponernos al lado de Jesús, nuestro hermano, en el amar al Padre.

Comenzó así un período luminoso, particular, en el cual, entre otras cosas, nos pareció que Dios quería hacernos intuir algo de su proyecto sobre el Movimiento.

---

[1] Igino Giordani, diputado, escritor, periodista, es considerado, en el Movimiento como un *co-fundador,* por el aporte que dio al mismo de diversas maneras.

También comprendimos mejor *muchas verdades* de la fe, en particular, quién era Jesús abandonado, que recapitula todo en sí, para los hombres y para la Creación.

Fue una experiencia tan fuerte que llegamos a creer que la vida habría sido siempre así: luz y Cielo.

La realidad que le siguió, en cambio, ha sido la de todos los días.

Segunda elección de Jesús abandonado

En el brusco despertar que significó –podríamos decir– encontrarnos todavía en la tierra, sólo alguien pudo darnos la fuerza de seguir viviendo: Jesús abandonado, presente en el mundo que debíamos amar, ese mundo que es como es precisamente porque no es Cielo.

Entonces, en una segunda elección de aquél que nos había llamado a seguirlo, más consciente, más madurada, brotó de mi alma aquella *conocida* decisión:

"Tengo un solo Esposo sobre la tierra: Jesús abandonado. No tengo otro Dios fuera de él. En él está todo el Paraíso con la Trinidad y toda la tierra con la humanidad.

Por eso, lo *suyo* es mío y nada más.

Y suyo es el dolor universal y, por lo tanto, mío.

Iré por el mundo buscándolo en cada instante de mi vida.

Lo que me hace mal es *mío*.

Mío el dolor que me roza en el presente. Mío el dolor de las almas a mi lado (ése es mi Jesús). *Mío* todo lo que no es paz, gozo, bello, amable, sereno..., en una palabra: lo que no es Paraíso. Porque también yo tengo mi Paraíso, pero es ése que está en el corazón de mi Esposo. No conozco otros. Así, por los años que me quedan: sedienta de dolores, de angustias, de desesperaciones, de melancolías, de desapegos, de exilio, de abandonos, de desgarros, de... todo lo que es él, y él es el Pecado, el Infierno.

Así, *enjugaré* el agua de la tribulación en muchos corazones cercanos y –por la comunión con mi Esposo omnipotente– también lejanos.

Pasaré como fuego que consume todo lo que debe caer y *deja en pié* sólo la Verdad.

Pero hay que ser *como* él: ser él en el momento presente de la vida".

He escrito que "él es el Pecado, el Infierno"[2].

Dice P. Evdokimov: "El Espíritu Santo ya no une más al Hijo con el Padre y el Hijo constata la ruptura, el abandono; de allí la soledad dentro de la Trinidad, el sufrimiento de Dios, el infierno de Dios..."[3].

Para H. U. von Balthasar, Jesús abandonado es y no es el Infierno: "La tiniebla del estado pecaminoso sin

---

[2] También el teólogo ortodoxo O. Clément escribe: "Por medio de su humillación, su pasión, su muerte de maldito, Cristo deja entrar en sí todo el infierno, toda la muerte de la condición decaída, hasta la acusación terrible de ateísmo: "Dios mío, Dios mío, ¿por qué me has abandonado?" (O. CLÉMENT, *Riflessioni sull'uomo*, Milán 1975, p. 147).

[3] P. EDVOKIMOV, *La conoscenza di Dio secondo la tradizione orientale*, Roma 1969, p. 109.

duda es probada por Jesús, de una manera que no puede ser idéntica a la que los pecadores (que odian a Dios) habrían podido probar (...), sin embargo es más profunda y más oscura que aquella, porque se despliega dentro de la profundidad de la relación de las hipóstasis divinas, inimaginable para cualquier criatura.

Por lo tanto, se puede sostener, de la misma manera, que el abandono de Dios es, en Jesús, lo contrario alInfierno, y que el Infierno es exactamente (Lutero, Calvino) y nada menos que su extrema intensidad[4].

---

[4] H.U. Von BALTHASAR, *Teodramática,* IV, cit., p. 312-313.
Escribe J. Ratzinger: "También en la muerte de Cristo está presente lo que Ernst Käsemann llama brevemente la oración de los infiernos, la promulgación del primer mandamiento en el desierto del aparente abandono de Dios" (J. RATZINGER, *Introducción al cristianismo,* Salamanca 1970, p. 259).
Para el Patriarca Bartolomé de Constantinopla, "Jesús, el Verbo encarnado, ha recorrido la distancia más grande que la humanidad perdida podía recorrer. 'Dios mío, Dios mío, ¿por qué me has abandonado?'. Distancia infinita, supremo desgarro, prodigio de amor. Entre Dios y Dios, entre el Padre y el Hijo encarnado, se interpone nuestra desesperación con la cual Jesús es solidario hasta el fondo. La ausencia de Dios es precisamente el infierno". (PATRIARCA ECUMENICO BARTOLOME DE CONS-TANTINOPLA, *Comentario al "Via Crucis" en el Coliseo,* Roma, cit.).

LA PRUEBA

A los pocos años del inicio del Movimiento comenzaron las pruebas, tal como se da en la lógica divina de las cosas.

Pero éstas, como otras, aunque dolorosas, no fueron para nosotros la prueba por excelencia. Jesús abandonado todavía debía presentarse a la cita en forma solemne.

No pretendo y no puedo hacer aquí una cabal y documentada historia de nuestro Movimiento, desde el punto de vista del dolor que Dios nos ha pedido a muchas personas para edificar esta Obra.

Me limitaré simplemente a mencionar *algunos hechos* que pueden ser sintomáticos, explicativos, sobre todo para aquellos de nosotros que no hubieran vivido el tiempo más difícil, pero quizás también el más importante, de nuestra historia.

Pruebas interiores

Desde hacía algún tiempo el Señor había comenzado a probar a alguno de nosotros con pesadas pruebas interiores, con largas noches... Estas no son típicas de nuestra espiritualidad colectiva, pero las circunstacias eran tales que a veces impedían la comunión entre nosotros con Jesús en medio que, por lo general, todo lo resuelve. En la soledad éstos no faltaban. Para hacernos una idea, transcribo aquí una frase referida a una prueba:

"... Y vino la noche. Terrible como sólo lo sabe quien la prueba.

Ella me quitó todo: Dios Amor, como lo había conocido en aquellos años, la vida física y (la) espiritual.

Me faltó la salud, de la manera más cruda, y me faltó la paz...

En esos días comprendí en qué medida la caridad lo era todo: en qué medida la vida era amor. Al faltarme el amor me faltaba la vida.

Acepté, Dios sabe cómo, entre dolores inenarrables, esa oscuridad en la cual ya nada tenía sentido...".

Un largo estudio

En 1947 el obispo de Trento, monseñor Carlos de Ferrari, había aprobado nuestro Movimiento y un pequeño estatuto. El se había puesto de nuestro lado y siempre nos había defendido. Sólo que, llegado un momento, eran tantos los que pedían explicaciones, que en 1956 se decidió a redactar una declaración dirigida a:

"¡A quien sea!

Basta poco para decir lo que yo pienso de los FOCOLARES. Los he visto nacer en mi diócesis y siempre los he considerado como un círculo excepcional de almas bellas que son su vida, edificante bajo cualquier aspecto, con su espíritu genuino de caridad, con su ardiente apostolado, dan prueba probada de que en este pobre mundo, 'encaminado a la ruina', hay todavía cristianos capaces de conquistar las cumbres más arduas de la virtud, las trincheras más avanzadas del bien.

Los observo desde hace 12 años, vigilante y atento, y no sólo no he encontrado nunca motivo de desaprobación, sino siempre motivo, el más amplio y pleno, de consuelo y de alegría, como pocas veces me ha sucedido en más de 50 años de ministerio pastoral. Lo he dicho, lo he escrito en otra ocasión y lo repito: ¡OJALÁ FUERAN LEGIONES LOS FOCOLARINOS!".

Algunos años antes, de cualquier manera, autoridades de la Iglesia en Roma habían también manifestado sus reparos con respecto a nuestra Obra.

Ya se sabe cómo pueden suceder estas cosas: alguien critica, a lo mejor en buena fe, actitudes de otros que le parecen sospechosas. Preocupado, advierte a la autoridad, y ésta no puede dejar de intervenir.

La Iglesia actúa por su deber de discernimiento.

Es así como se iniciaba para nosotros un estudio largo y en profundidad.

Era algo simple y obligatorio para la Iglesia, pero para nosotros significaba suspenso e inseguridad.

Las pruebas

Por lo general damos el nombre de *prueba* a un hecho doloroso. ¿Por qué? Porque pensamos que ese sufrimiento no se agota únicamente en el dolor que procura, sino que hay en él una finalidad pensada por Dios. En realidad, dado que Dios es Amor: un *porqué* de amor. Y no se puede comprender bien la prueba, si no se conoce el porqué.

Por eso, antes de describir algo de la *pasión* de la Obra, quisiera destacar su motivo de amor.

Desde el punto de vista cristiano, no hay cruz sin resurrección, aunque la resurrección pueda venir después de años. Cruz y resurrección son dos aspectos de una misma realidad, y sólo la resurrección explica la cruz.

San Juan llama, al conjunto de ambos aspectos, "glorificación".

Por eso, no se puede comprender el período doloroso de nuestra historia si no se tienen en cuenta los períodos sucesivos y sobre todo el presente.

El cristianismo, en sus albores, se presentaba como una hermosa plantita, sana, pero para crecer y difundirse necesitó de largos padecimientos, de larguísimas persecusiones. Sólo a los 300 años de su nacimiento pudo estar presente en todo el mundo entonces conocido.

Pocos años después del nacimiento de nuestro Movimiento, una nueva corriente de vida evangélica y una nueva comunidad cristiana hacían su aparición. Se presentaban hermosas a los ojos de Dios y de allí, entonces –como exige la lógica del Evangelio–, la muerte de esa semilla, la poda de ese arbolito.

Algunas acusaciones eran conocidas. En ese entonces comenzaban a circular distintas críticas y a encenderse incomprensiones con respecto a nosotros.

Cosas como éstas: ¿no serían tal vez protestantes, demasiado entusiastas del Evangelio? Y eso de poner los bienes en común como práctica del amor recíproco, a ejemplo de los primeros cristianos, ¿no sería una exageración? ¿El Movimiento no sería una nueva y peligrosa forma de comunismo?

Naturalmente, no había nada de verdad en todo esto. Tal vez, lo que no se podía negar en nosotros, jóvenes e inexpertos, eran actitudes ingenuas o que requerían ser purificadas, maduradas. Que necesitaban, por lo tanto, algún remedio.

Suspenso doloroso

Para nosotros era doloroso ese suspenso de la Iglesia. Un hecho simple, rutinario si se quiere, pero que a lo largo del tiempo –y de largo tiempo–, se volvía casi insoportable.

Para comprenderlo, es necesario saber qué era para nosotros la Iglesia. Más allá de que las primeras focolarinas eran todas cristianas practicantes y, alguna, formada en la fe como mejor se podía entonces, la palabra "el que los escucha a ustedes, me escucha a mí" (*Lc* 10, 16), que habíamos vuelto a descubrir en el Evangelio desde los albores del Movimiento, nos había revelado lo que era verdaderamente la Iglesia, y lo que eran sus representantes. Era una sola cosa con Dios. Sólo en ella, y a través de ella, estábamos unidas a Dios.

¿Cómo vivir, entonces, nuestra elección de él como ideal de la vida?

Nuestro dolor ciertamente era pequeñísimo comparado con el de Jesús abandonado, pero no era diferente del suyo, del cual dice S. Bulgakov: "(En el abandono de Jesús) la misma inseparabilidad de la Santísima Trinidad parece romperse, el Hijo queda solo (...). Esta es la muerte divina, porque 'triste está mi alma hasta la muerte', hasta la muerte espiritual, que es el abandono de Dios"[1].

Nos sentíamos solos.

Ha sido entonces Jesús abandonado, el *solo* por excelencia, siempre él, el que nos sostuvo en esta prueba, en esta solemne poda del árbol, ya pujante, de la Obra. ¿Acaso no es él *el gran podado* por la tierra y por el Cielo?

Lo acogíamos con amor y, abrazándolo a él, la paz volvía.

Dice nuevamente S. Bulgakov: "El cáliz es bebido hasta el fondo, y el Hijo entrega su espíritu al Padre: la Santísima Trinidad se recompone en la unidad indivisible"[2].

De esta manera, una vez que había vuelto, la paz nos permitía seguir los impulsos del Espíritu Santo en el

---

[1] S. BULGAKOV, *L'Agnello di Dio,* cit, p. 433.
Y Ph. FERLAY escribe: "La muerte de Cristo es el momento en el cual aparece con más fuerza la distinción del Padre y del Hijo. (...) Hablando en términos familiares, no se podría creer que el Padre y el Hijo, dentro del misterio de un Dios único, sean tan distintos que uno sea capaz de ir tan lejos, por amor, del otro". "La unidad (parece) romperse" (*Trinité, mort en croix, Eucharistie. Réflexion théologique sur ces trois mystéres,* en "Noyuvelle Revue Theologique", 96 (1974), p. 937).

[2] S. BULGAKOV, *L'Agnello di Dio,* cit., p. 433.

corazón y dejar al carisma, que nos había donado, que forjara la Obra, nos iluminara sobre nuevos puntos fundamentales de su espiritualidad, sobre los aspectos concretos de nuestra vida, sobre su divina estructura. Nos permitía dejar que el carisma difundiera su luz en el mundo, cada vez más lejos, impidiendo que algún consejo, elemento, juicio humano la turbase. De este modo la Obra –creemos nosotros– ha sido edificada toda por Dios, en sus aspectos particulares y en su conjunto: Obra de Dios.

Ver la Obra así era motivo de gran alegría. También había, ciertamente, una consideración que nos hacía sufrir: ¿Qué habría sido de los miles de personas que ya se habían involucrado en ella, tan tomadas por Dios, tan ardientes, que provocaban nuestra gratitud de corazón al Espíritu Santo que las había tocado, si, llegado un momento, la Iglesia no hubiera aprobado el Movimiento por ser también tan nuevo y tan distinto de las realidades religiosas de entonces?

Otro motivo de dolor, otra terrible duda que nos recordaba la de Jesús abandonado, el *no aprobado* por el Cielo. Otro abrazo suyo.

Líneas de vida

Por otra parte, para ayudarnos, las personas designadas por la Iglesia para el estudio de la Obra nos pedían, de tanto en tanto, que redactáramos las líneas principales del Movimiento (el pequeño estatuto de 1947 ya no era suficiente). Esto, para nosotros, era motivo de alegría, pero también de seria preocupación.

Entre los representantes de la Iglesia había algunos que eran favorables al Movimiento y otros que eran menos favorables (por más que luego todos, aún los no favorables –concluida según ellos su tarea– a veces partían con lágrimas en los ojos, convencidos de que ésta era Obra de Dios).

No pocas veces unos y otros introducían, en la redacción de los estatutos (el Código de derecho canónico no preveía los Movimientos) *elementos* de otras espiritualidades que para nosotros eran *imposibles*, que comprometían todo el conjunto y nos hacían... *sudar sangre*.

Por otra parte, todavía no éramos tan maduros como para saber expresar lo que Dios quería de nosotros. No era todavía el tiempo de nacer como realidad de la Iglesia.

Es más, para nosotros era claro que estábamos en el período en el cual, en su seno, se iba formando esta Obra como una nueva criatura suya.

Era también el tiempo en que Jesús abandonado tenía que establecer su morada estable en nuestra alma, de tal manera que ya todos sepamos que sin él no habría existido, no existe y no existirá el Movimiento de los focolares: sin él no existe unidad.

Era verdaderamente el momento en el cual el grano de trigo, echado en tierra, tenía que morir para multiplicarse.

Morir. Esto era claro para nosotros.

Ahora, después de tantos años, nos resulta evidente que, si nosotros, como todos los que se comprometen en una vida de fe radical, teníamos que pasar pruebas —de las que sentíamos también necesidad–, éstas no debían ser diferentes de las que había pasado nuestro líder: Jesús abandonado.

El había probado el abandono de quien llamaba Padre, Abba, y que tanto amaba.

Estas pruebas nos tenían que llegar, de alguna manera, a través de quien nos representaba al Padre en la tierra, o a la Madre: la Iglesia, que tanto amábamos, y en la cual y por la cual queríamos dar la vida.

Pero así como Jesús, después de la prueba que en ese grito lo hizo casi otro Padre, ascendió al Padre, a su derecha, también nosotros, terminada la prueba, nos sentimos constituidos "Iglesia".

Y éramos Iglesia, somos Iglesia. Lo afirmaría el Santo Padre el 30 de mayo de 1998, en la Plaza San Pedro, frente a aproximadamente 60 Movimientos y Comunidades eclesiales. Allí explicó cómo la Iglesia tiene dos dimensiones, la petrina y la carismática, en profunda unidad entre ellas, y cómo los nuevos Movimientos y Comunidades eclesiales son "significativas expresiones del aspecto carismático de la Iglesia"[3]. Por lo tanto, partes de Iglesia, Iglesia en todo el sentido de la palabra.

Sin embargo, en aquellos tiempos, lo único que había que hacer era morir, aunque este doloroso suspen-

---

[3] JUAN PABLO II, *Discurso a los Movimientos eclesiales y a las Nuevas comunidades;* en "L'Osservatore Romano", 1-2 de junio de 1998, p. 6.

so, tan fecundo en los planes de Dios, para algunas personas era signo evidente de que era Obra de Dios. Monseñor Juan Bautista Montini, en ese entonces Secretario de Estado del Vaticano, nos había dicho que estar bajo estudio de la santa Iglesia era una protección y una garantía para nosotros.

Por lo tanto, se trataba de un hecho positivo, un bien.

Para otros, en cambio, especialmente para personas con responsabilidades a nivel local, este estudio de la Iglesia al Movimiento echaba sobre él una sombra de sospecha.

Los primeros que recibieron esta advertencia fueron naturalmente los sacerdotes, como el Padre Foresi, el primer focolarino sacerdote, que fue trasladado de Roma a Trento, diócesis en la que está incardinado. En esa oportunidad, el 10 de febrero de 1957, en una carta memorable, nos escribía:

"Queridos focolarinos, he llegado a Trento sin saber bien cómo orientarme. ¡Ha sido tan de improviso esta partida! Con el alma un poco maltrecha, pero con una gran alegría en el corazón, la de sufrir por el Ideal[4], y con la certeza de que cada "Jesús abandonado" es un fantasma, que pasará.

Es la certeza que a uno le viene cuando le faltan todos los apoyos; cuando, por un instante, le parece estar sobre el vacío y que, bajo el peso del abatimiento y el

---

[4] Llamábamos "Ideal" a esa luz que se percibía nueva en el alma, y era el carisma dado por el Espíritu Santo.

desaliento, también uno se rendirá, como tantos, a la rutina de hoy y se dejará llevar por el mundo y por las circunstancias sin aportar más la característica divina del Ideal. Lo que uno podría es evitar el mal, pero no construir el bien. ¡Cuántos han comenzado! Cuántos se han detenido desanimados.

Pero serán fracciones de segundo, porque precisamente en esos momentos, cuando todo es oscuro, la luz se muestra más luminosa y se vuelve a ver nuestro Ideal más verdadero, seguro, arrollador.

Dios ha hechado esta semilla en la tierra y sabe cuidarla, hacer que se descomponga, muera, para que nazca la espiga. El nos ha llamado de muchas ciudades, de diversas naciones, él nos ha puesto en el corazón el anhelo por su reino y nos hace estar dispuestos a morir para dar testimonio de él. La circunstancias externas, las órdenes, las prohibiciones son el camino que él señala para hacer más rápido, para ir derecho a la meta.

En un Concilio del siglo XII, para impedir el nacimiento de nueva órdenes religiosas, se estableció que no bastaba ya la aprobación de los obispos, sino que se necesitaba la de la Santa Sede. Fue esta prohibición la que permitió a las órdenes mendicantes que se consolidaran rápidamente en toda la Iglesia porque, obtenida la aprobación romana, fue más fácil ser bien recibidos en cada diócesis. Con nosotros sucederá lo mismo: las prohibiciones ayudarán al Ideal a madurar, difundirse, llevar a todas partes la vida...".

Por mi parte, yo le escribía a otro sacerdote probado de manera análoga:

"La espera, el suspenso, es *Jesús abandonado*.

El sentirnos en un lugar como fuera de lugar, es Jesús abandonado: él, el Dios de universo, el Uno, estaba excluido del Cielo y de la tierra... En Jesús abandonado se ven reflejadas también todas las almas que no se sienten en su lugar.

¡Pero, Jesús era uno con el Padre! ¿Quién más uno que él? Sin embargo se veía obligado a gritar, por nosotros: 'Dios mío, Dios mío, ¿por qué me has abandonado?'.

Eso es lo que sucede ahora con usted.

Amémoslo sólo abandonado. (...)

El está siempre allí, donde todos faltan. En la oscuridad, en la soledad, en el frío, donde nadie quiere estar. Y nosotros con él, para recabar luz y derramarla a torrentes en el mundo".

Pruebas de Dios

La prueba que nos afectaba a todos, a quien más, a quien menos, tenía justamente los síntomas de la prueba de Dios; si por una parte nos parecía que teníamos que morir, por otra la voluntad de Dios nos decía que había que vivir.

Sucedía, en efecto, que mientras las circunstancias parecían decirnos que ya todo terminaría, a lo mejor, al día siguiente Dios disponía las cosas de tal manera que la misma Iglesia nos ponía en condiciones se seguir adelante.

Por eso, precisamente, era un dolor semejante al de Jesús abandonado, que contemporáneamente *estaba y no estaba abandonado*. También nosotros, como él, sentíamos el abandono, pero la Obra de Dios vivía, crecía.

Más adelante, en otro período, sucedía también que la autoridad de un lugar o de una nación aprobaba en pleno el Movimiento mientras, al mismo tiempo, en otro lugar no se lo aprobaba.

Los focolarinos recuerdan una carta que les escribí en 1956:

"Nosotros, los focolarinos, tenemos una cruz grande. Cuando entramos a formar parte del focolar dijimos que elegíamos a Jesús abandonado, y él se presentó.

Sabemos que somos amados por Dios, quizás amados con predilección entre tantos, sabemos que estamos en el corazón de la Iglesia, pero sobre nosotros pesa una sombra, y ustedes la conocen.

Jesús no podía permitir un dolor más adecuado a nosotros que seguimos a Jesús abandonado...

(Pero), se sabe, la vida se paga; la vida, que a través de nosotros llega a tantas almas, se produce con la muerte. *Sólo pasando por el hielo se llega al incendio.*

Por lo que a nosotros nos consta, este espíritu de unidad no lo tiene nadie. ¡Es un don que no podemos medir! Es el efecto de la presencia de Jesús, que se puso entre nosotros... porque encontró 'pobres jovencitas', 'pobres pescadores'.

Estrechémonos en torno a nuestro Jesús abandonado y no lo cedamos por nada. (...)

Declarémonos dispuestos a seguirlo así, o como él quiera, por toda la vida, y a seguir amándolo después de la muerte en todos aquellos a los cuales logremos transmitirle nuestro ideal, el ideal genuino que brota de esa herida[5].

Recojámonos con María, dando a nuestra vida el aroma de esa seriedad y ese silencio que sabe estar constantemente junto a un moribundo divino (...): él es nuestro secreto, el secreto de la salvación de muchos hombres.

A los demás, que tenemos que servir con gran impulso y celo ardiente, especialmente a través de la Obra de María, démosle la alegría purísima que nace de este dolor constantemente querido, la luz que alumbra desde esta tiniebla, la rosa florecida de esta espina.

Esta es nuestra vocación".

He hablado de la prueba que pasaron los sacerdotes, por el primer focolarino sacerdote. A los que tenían más responsabilidades les fue llegando su hora, uno tras otro.

¿Y a mí? También a mí me llegó. Pero permítanme que la recuerde sólo en mi corazón: "Es bueno mantener oculto el secreto del rey..." (*Tob* 12, 7).

Por lo general las pruebas de Dios son una mezcla de humano y divino. Son como *una medalla de dos caras*: por una parte le sirven al alma para purificarla y perfeccionarla y, por otra parte, para generar a Dios en otras almas, de las cuales el alma que sufre es, de alguna manera, madre.

---

[5] La misteriosa herida espiritual en el corazón de Jesús abandonado.

Pues bien, también a mí, en mi pequeñez, me parecía que podía repetir las palabras de San Pablo: "¡Hijos míos, por los cuales estoy sufriendo nuevamente los dolores de parto hasta que Cristo sea formado en ustedes!" (*Gal* 4, 19).

Rayos de luz

También en ese tiempo, cuando se agudizaban las pruebas, no faltaban sin embargo *rayos de luz*. El trabajo continuaba, si bien condimentado con la hiel amarga de situaciones que a veces quitaban el aliento, de suspensos que por momentos parecían querer desalentarnos.

Advertíamos que había que trabajar, trabajar justamente sobre ese vacío, serle fieles en los momentos en que la sombra de la cruz amarga la alegría de estar a su servicio.

Es más, ese era el momento más precioso: trajando sobre el dolor nos parecía que edificábamos la Obra sobre la roca.

Mientras tanto, desde comienzos de 1943 a 1958, el Movimiento se había difundido un poco en Italia y ya en algunas naciones confinantes de Europa.

HACIA LA RESURRECCION

"In crescendo"

Durante ese período de prueba iba creciendo el amor a Jesús abandonado: buscarlo, preferirlo, amarlo sin analizar el dolor, no quitar nunca la vista de él, recibirlo con alegría, no soportarlo sino amarlo, cohabitar con él, amarlo de manera exclusiva.

Algunas frases de aquella época hablan, en distintos años, de las diversas actitudes del alma con respecto a él.

"El amor a Jesús abandonado es lo único necesario de nuestra vida: ese algo que nos garantiza ir directo por ese camino. Pero es necesario buscarlo siempre. Y buscarlo en el momento presente: es todo...".

"No se trata de amarlo cuando no podemos hacer otra cosa, porque el dolor nos lo hace recordar..., sino preferirlo siempre: preferirlo a las alegrías y a las satisfacciones incluso de la unidad. (...) Preferir, entre todos (los) momentos presentes, aquellos que son dolorosos porque allí esta Jesús abandonado que 'desposa' al alma".

"... Es necesario posar la mirada del alma en el corazón de Jesús, en su intimidad, donde padeció el abandono más agudo que Cielo y tierra hayan conocido, y decirle: 'Jesús, gozo por ser un poco como tú...; quiero hacer de mi vida tu grito viviente para arrastrar una infinidad de almas: lo quiero'. Y hacer esto *sin analizar*, sin condiciones ni peros. ¡Todo dolor es él!".

"Ciertamente, lo que importa es el amor verdadero: ése que está garantizado porque no hay en él nada nuestro, sino que todo es de Dios, ese amor que hemos aprendido a tener en el corazón *sin quitar la mirada* de Jesús abandonado. En esto está el secreto de la unidad, del renacimiento (y del progreso) de nuestras almas (y) de la Obra. Que Dios cierre nuestros ojos a todo para abrirlos únicamente sobre él...".

"Hay un solo sistema para llenarnos verdaderamente de Dios y es éste: abrazar la cruz de cada momento, la que se nos presenta, pero siempre con un amor nuevo, *recibiendo con alegría* a Jesús abandonado. Nos volveremos a encontrar, como por encanto, mucho más adentro de la Trinidad, habiendo llevado con nosotros, además, a los hermanos.

¿Hemos desposado a Jesús abandonado? Es entonces un amor *exclusivo*. No admite ningún otro".

No faltan los frutos

Mientras tanto el Señor nos trabajaba. Con el escalpelo de su amor hacía de manera que nos desapegáramos de todo para no tenerlo más que a él. Desapegarnos de lo que teníamos y de lo que éramos. Era la libertad de los hijos de Dios: no tener y no ser. No tener lo que creíamos nuestro y sabíamos que era de Dios. No ser nosotros para ser él.

Los frutos externos se multiplicaban con tanta amplitud que constatábamos en qué medida se necesita la cruz para la irradiación del Evangelio.

Además, sin ella no habríamos tenido el equilibrio que se necesitaba para llevar adelante una Obra de Dios. El dolor, en efecto, es un medio del cual Dios se sirve para quitarle su atractivo al orgullo y al amor propio, para permitir que sólo él actúe en nosotros.

Los frutos nos procuraban mucha alegría, pero las cruces hacían que no nos exaltáramos.

¿Obra de Dios?

Sucedía, además –como ya dijimos–, que en la Iglesia había quienes pensaban que ésta era Obra de Dios, y otros que no.

Y nosotros, ¿qué pensábamos? ¿Qué nos decía Jesús en el corazón?

Esperábamos, sin duda, la palabra definitiva de la Iglesia, pero estábamos *seguros* de que la Obra era de Dios.

A mí esta seguridad me venía porque, por ejemplo, nadie sabía mejor que yo que no era yo quien la hacía o la proyectaba, sino él, su luz inconfundible, de la cual nos había inundado. Por otra parte, los argumentos aducidos por quienes nos sostenían, eran válidos también para mí: los buenos frutos, los sufrimientos mismos.

Pero sobre todo había una idea que no me abandonaba nunca. Una idea que era fruto de una dolorosísima prueba interior, que en ese período era más aguda que nunca: había comprendido quién era yo y quién era él. El, todo, yo, nada. El, la fortaleza, yo, la debilidad.

Pero era precisamente esta debilidad mía, constatada, lo que me convencía de que esos frutos que procurábamos, esas miles de converciones, no podían ser otra cosa que efecto de una Obra de Dios.

También yo, entonces, siempre en mi límite, podía y puedo repetir con San Pablo: "Sólo me glorío de mis debilidades" (*2 Cor* 12, 5), porque, también por ellas, puedo dar gloria a Dios.

De todos modos, no podía negar que Dios me estaba donando, primero a mí, uno de los más grandes favores que él le hace a un alma: *la maternidad espiritual.*

Por eso, ahora que la Iglesia ha reconocido el cometido que Dios me ha confiado, esa maternidad me autoriza a decirle a los míos, aún consciente de mi nada: "Porque, aunque tengan diez mil preceptores en Cristo, no tienen" muchas madres; "soy yo quien", en la unidad con Jesús abandonado, "los ha engendrado" focolarinos (cf. 1 Cor 4, 15).

Antes del nacimiento

El período que sigue puede compararse a un sucederse de dolores semejantes a los que preceden al nacimiento de una criatura, ecos parciales del grito de Jesús.

Fue confortante, en ese tiempo, conocer a fondo a Santa Teresa de Ávila. Antes de la aprobación de su Obra, el Señor había permitido que muchas veces ella temiera la supresión de la misma. Y, cuando llegó la noticia de la aprobación –dice la historia–, la santa pareció muy rejuvenecida.

Algo así pasó con nosotros. Esos dolores siempre habían tenido un único motivo de fondo: el temor de que la Obra fuera disuelta. Esto tendría que haber convencido a nuestra mente y a nuestro corazón de que lo nuestro no era Obra de Dios, sino obra humana: exactamente como Jesús que, en el abandono, parece *solo hombre*. Pero, ¿cómo habríamos podido pensarlo?

Jesús había muerto, pero también había resucitado.

Pero, mientras tanto, se sufría.

Jesús, en el abandono, no estaba desesperado. Jesús no podía perder la esperanza. Su grito, dice alguien, fue un lamento.

Y "lamento" hemos titulado unas breves líneas escritas poco antes del nacimiento.

Ellas dan una idea de cómo pueden ser probadas por Dios las personas, hasta el punto de poder repetir con San Pablo: *"Cupio dissolvi"* (cf. *Fil* 1, 23) ("Deseo irme para estar con Cristo"). Y también dan testimonio de que, en las horas más oscuras y en las noches cerradas, María ha sido la única estrella en nuestro camino.

"Estamos cansados, Señor,
estamos cansados bajo la cruz
y ante cada pequeña cruz

nos parece imposible cargar las más grandes.
Estamos cansados, Señor,
estamos cansados bajo la cruz
y el llanto se hace un nudo en la garganta
y bebemos lágrimas amargas.
Estamos cansados, Señor,
estamos cansados bajo la cruz.
Apresura la hora del arribo,
que aquí, para nosotros,
ya no hay estación de alegría,
no hay más que desolación.
Porque el bien que amamos
está todo allá,
mientras aquí
estamos cansados, demasiado cansados,
bajo la cruz.
La virgen está a nuestro lado,
hermosa, si bien doliente criatura.
Que, en su soledad,
ayude a la nuestra, la de ahora".

El sueño

Un día, en el verano de 1961, tuve un sueño. No creo en los sueños, aunque en nuestra religión estos no faltan, como en el Evangelio, por ejemplo. Pero lo que soñé me impresionó.

Hacía un año que había partido al Cielo un focolarino, Andrea Ferrari. Había sido un excelente focolarino. Había puesto en el centro de su vida la caridad, que vivía también detrás de la ventanilla del banco, donde trabajaba.

Atropellado en un accidente, la religiosa del hospital donde lo habían llevado, al ver la gravedad de su situación, y para prepararlo a morir le dijo: "Hay que hacer la voluntad de Dios". A lo que él le contestó: "¡Por supuesto! Hemos aprendido a hacerla incluso delante de un semáforo".

¡Era esa voluntad de Dios que, cumplida con perfección y perseverancia, es ahora la medida para examinar a una persona que se considera digna de veneración!

Esa noche, entonces, soñé con Andrea.

Alguien había puesto en mis manos una tarjeta con una imagen y, debajo, una leyenda.

La imagen representaba a María desolada con el Hijo muerto en su regazo.

La leyenda decía: "¡Con inmenso reconocimiento, te anuncio el alba radiante de la resurrección!".

La letra era de Andrea, pero más derecha, más erguida.

Entonces la figura de María desolada se disolvía bajo mis ojos y se transformaba en Jesús resucitado: en lugar de María, él, justamente, el Resucitado. Y en lugar de Jesús muerto, la tumba.

El nacimiento

Dios guiaba a la Iglesia y la iluminaba para que no nos dejara en el abandono. El había sido el fundador y el arquitecto de la maravillosa Obra que debía nacer, y la había alimentado con su Espíritu, había sido forjada únicamente por él.

Entonces, cuando la vio hermosa, cuando la vio completa en sus partes esenciales, llegó la hora del nacimiento, el 23 de marzo de 1962, no sin los dolores que ello comportaba.

Para nosotros, entre luces y restos de sombras, comienza un período nuevo.

Aún cuando personalmente cada uno, y juntos, seguíamos viviendo a Jesús abandonado en las dificultades y en los dolores de todos los días, se comienza a conocer ese rostro de Jesús abandonado que, abandonándose nuevamente en el Padre, transforma la separación en unidad, la derrota en victoria, el infierno en Paraíso, la ignominia en gloria.

LOS PAPAS Y LA OBRA

La Providencia de Dios, aun en nuestra precaria condición, siempre nos ha dado la posibilidad de acercarnos e informar a los Papas que se iban sucediendo. Esto hacía que de algún modo ya no nos sintiéramos solos, como Jesús abandonado que, con su "Padre, en tus manos encomiendo mi espíritu" (*Lc* 23, 46), volvió a sentir la comunión con el Padre.

Ahora vemos lo necesario que fue esa primera relación con los Papas. El nuestro era, quizás, el primer Movimiento eclesial típico de nuestro tiempo y, como tal, al servicio de la *Iglesia universal*, por consiguiente en dependencia y unidad directa con los Papas.

Pues bien, uno tras otro, tuvimos oportunidad de conocer parientes cercanos de ellos (hermanas y otros) que, al haberse integrado con convicción en el Movimiento, los tenían al corriente de lo que realmente sucedía en nuestra Obra.

Pío XII

El Papa Pío XII reconocía que aquí Dios había hecho algo suyo, y actuaba a nuestro favor. Luego supimos que no sólo había hecho algo por nosotros, sino todo lo posible.

Era para nosotros una gran alegría saber que estábamos en su corazón, bendecidos por él, acogidos con su benevolencia; una participación en la alegría de Jesús abandonado por la unidad nuevamente encontrada con el Padre, una fuerza nueva para seguir adelante.

Pero, para que no depositáramos nuestra confianza en nadie, sino sólo en Dios (¡muchos han hecho mucho, Dios solo ha hecho todo!) sucedió que el Papa falleció sin dejar nada concreto con respecto al Movimiento. Para nosotros, era *el último grito* antes del nacimiento.

Por esos días le escribía a los focolarinos:

(Roma, 12 de octubre de 1958)

"Esta noche he sentido el deseo de estar cerca de todos ustedes para contarles lo que ha sucedido en mi alma en esta semana tan rica de dones y de dolores. Hubiera deseado verlos a todos aquí con nosotros en Roma, que atónitos y llenos de angustia asistimos a las últimas funciones que la piedad de la Iglesia prodiga a los despojos del (...) Papa.

Nunca, como esa noche, comprendí tan bien por qué los apóstoles se habían reunido entre ellos cuando Jesús, como el Santo Padre, padeció la muerte terrena.

No tengo palabras para comunicarles nuestro dolor, no tanto por la suerte del Movimiento, que nos parece consolado y confirmado por su bendición (...), sino por el Papa, por él. (...)

Ciertamente el Señor es celoso de nosotros. Nos quiere solos, con él, con él solo.

Era tan hermosa esa caricia materna de la Iglesia... pero nuestro ideal no se propaga con las alegrías y las almas no se compran así.

Se pagan con el dolor y, para nosotros, con Jesús abandonado.

Les contaba a las focolarinas cómo, hace unos días, le dije a Jesús: '¡Me imagino cómo serás con las almas que te aman! ¡Cuántas atenciones, cuánto amor! Si sobre esta tierra el buen amor humano es tan noble, tan admirable... ¡cómo será el de un Dios!'.

Entonces me surgía espontáneamente del alma una respuesta: 'Sí, pero el Dios que has elegido tú, que han elegido ustedes, se llama Abandonado'. Este nombre se me grabó en el corazón de una manera nueva, más elevada, más solemne. Me pareció que se había convertido en mi apellido

¿Cuántas veces aflora a mis labios la palabra: 'por qué'?

Pero, entonces, comprendo. Y le digo: 'Sí, sí, sí, toma, Jesús, esta ofrenda, únela a la tuya, convierte a las almas y realiza tu Obra. A mí no me importa saber qué será de nosotros, sabemos que estamos en la Iglesia. Siempre la hemos creído «madre» y la hemos conocido como tal, justamente así (...). Y si de algo vale poner nuestra gota de sangre en tu caliz, que este dolor sea por la Iglesia, por tu Iglesia, por el nuevo Papa, en el cual no veremos más que a ti, no amaremos más que a ti (...)'. Porque, aunque el amor a Jesús abandonado nos hace tan fuertes, no podemos negar que hemos quedado huérfanos de una orfandad divina que mucho se parece a la de Jesús en la cruz.

Muy queridos míos, éste es el camino que Dios nos indica, éste es el camino que, con ardor, me animo a mostrarles porque sé que la bendición de un Papa lo ha sellado".

Juan XXIII

Y la ofrenda de la cual habla la carta agradó a Dios. En efecto, el nuevo Papa Juan XXIII aprobaba la Obra. Era el 23 de marzo de 1962. Por lo tanto, todavía estábamos vivos. Se podía pensar que el *Via Crucis* de la Obra había llegado a su fin.

Estábamos vivos, con esa vida que Jesús advirtió en sí en la resurrección, de la cual participábamos "ya" y "no todavía".

¡Hijos de la Iglesia! La Iglesia nos reconocía.

Pero aún no todo había terminado: el Estatuto que ella nos daba para vivir, después de haber examinado nuestras propuestas, no coincidía con todo lo que Dios había edificado.

La Obra resultaba formada por dos troncos separados, uno de varones y otro de mujeres: un imposible nuevo Rostro de Jesús abandonado que abrazar, *el dividido*.

Sucedía que aquí estaba naciendo una expresión nueva de la Iglesia: un Movimiento que, aún abarcando varias ramas distintas, no sólo debido a que eran masculinas y femeninas, sino porque eran de distintas y variadas vocaciones (de alguna manera, todas las que se puedan pensar en el campo de los laicos, de los ministros ordenados, de las personas de vida consagrada), era, sin embargo, *un todo único, una sola cosa.*

Sólo que este Código de derecho canónico no lo contemplaba.

El presente que estábamos viviendo se podía decir que era un *tiempo carismático* y, mal que bien, habríamos podido seguir adelante así. Pero, ¿y en el futuro? En las Obras de Dios, cuando el fundador ya no está sobre esta tierra, el Estatuto es sumamente importante, es todo. Todo se adecua a lo escrito. Por eso, si las normas están equivocadas, la Obra se ve *comprometida.*

¿Era posible que Dios, que vive en la Iglesia, y Dios que había hecho esta Obra, estuviera en contradicción consigo mismo?

Había que sufrir todavía, esperar con paciencia. Por otra parte, esta situación reflejaba también otro posible rostro de Jesús abandonado: *el comprometido* (con nosotros pecadores). Bastaba con amarlo así y comportarse como era posible para obviar los daños, como tratamos de hacer, si bien nuestros esfuerzos no alcanzaban para hacer progresar y madurar la situación canónica de la Iglesia de entonces. Habría hecho falta una intervención de Dios.

Por otra parte, en los años siguientes, Jesús abandonado también se habría presentado bajo las formas más variadas para pedirnos que *generáramos* con él otros aspectos de la Obra, otras ramificaciones.

Siempre generar significaba sufrir. Y sufrir significaba desconcierto, caer a veces bajo el peso de la cruz; así como él lloró, se sintió turbado, tuvo miedo, pero no evitó el dolor sino que lo valorizó y sublimó.

Pero, generar significaba también conocer alegrías profundas, cuando el abandono daba su fruto: "La mujer, cuando va a dar a luz, siente angustia porque le llegó la hora; pero cuando nace el niño, se olvida de su dolor, por la alegría que siente al ver que ha venido un hombre al mundo" (*Jn* 16, 21).

Como Jesús abandonado que, al igual que una madre, en su grito desgarrador entrega el fruto de la redención del género humano.

Efectos del carisma

Mientras tanto, ¿cuál es el efecto, cuáles son los *efectos* del carisma, vivido por nosotros, en los que nos rodean, en nuestro entorno, en el mundo?

En 1958 el Movimiento trasponía los límites de Europa y comenzaba a abrirse camino en los otros continentes, antes que nada en América Latina.

No me detengo aquí a narrar la historia del desarrollo de la Obra en el mundo. Se necesitarían no sólo páginas y páginas, sino libros y libros.

El mundo que conocíamos, hasta 1960, no iba más allá del ámbito católico, tanto en Italia como en cualquier otro lugar.

Ya hemos hablado de conversiones y aquí, en nuestra Iglesia, las hemos visto innumerables, siempre.

El amor a Jesús abandonado en los hermanos los llevaba, en efecto, a *convergir* no ya hacia sí mismos, hacia sus bienes, las criaturas, sino hacia Dios: a vivir en los hechos el amor, esencia del cristianismo: el amor a Dios y, por él, al hermano, y el amor recíproco entre hermanos.

Por otra parte, nuestra espiritualidad comunitaria, que nos hacía *vivir la unidad* entre nosotros, tenía un doble efecto sobre nuestros prójimos: uno, el del *testimonio* ("que también ellos sean uno en nosotros, para que el mundo crea" – *Jn 17, 21*), y el otro, el de ofrecerles –con la conversión– la posibilidad de realizar ellos mismos la unidad, de vincularse los unos con los otros como miembros vivos de un único cuerpo. Y, por lo tanto, allí donde esto se verificaba, de *reavivar la vida del Cuerpo místico* a la que todos están llamados por el bautismo.

De allí que, por este doble efecto, se constataran entonces los frutos más variados, tanto en los individuos como en las familias, los grupos, las asociaciones, las comunidades...

La Iglesia comunión

Nosotros no nos dábamos cuenta pero, en la práctica, nuestro Ideal realizaba, allí donde estábamos, la *Iglesia-comunión*, imagen de la Trinidad "recompuesta", se podría decir, en su comunión, por el volver a confiarse de Jesús abandonado en el Padre. Iglesia-comunión descripta veinte años después por el Concilio Vaticano II y explícitamente exigida por el Espíritu Santo en la Iglesia.

"La eclesiología de comunión –dice la *Christifidelis laici*– es la idea central y fundamental en los documentos del Concilio" (n. 19).

Y hace algún tiempo el Santo Padre, en un discurso al Congreso Internacional sobre la puesta en práctica del Concilio Vaticano II, dijo: "La *communio* es el fundamento sobre el cual se apoya la realidad de la Iglesia. Una *koinonia* que tiene su fuente en el misterio mismo del Dios Trino y se extiende a todos los bautizados"[1].

Pues bien, la espiritualidad de la unidad, desde hacía muchos años, ya había comunicado nuevo calor, nueva comunión, nueva unidad al Cuerpo de Cristo.

Este hecho era muy nuevo y revolucionario.

La misma Iglesia (nosotros conocíamos la local, a la cual pertenecíamos) se nos figuraba, en cierto modo, como un gran Jesús abandonado: era evidente su Rostro en ella. Y esto se debía a que los cristianos que la componían vivían un cristianismo individual. Por otra parte, todavía no era posible hacer de otra manera.

Sólo que esto llevaba al triste efecto de que, por ejemplo, una nación cristiana no fuera muy distinta de otra que todavía no había conocido a Cristo.

¿Dónde se veía, entre nosotros, que se hicieran realidad las palabras de Jesús: "En esto todos reconocerán que ustedes son mis discípulos: en el amor que se tengan los unos a los otros" (*Jn* 13, 35) y las de Tertuliano: "Mira cómo se aman unos a otros y cómo están dispuestos a morir el uno por el otro"[2].

---

[1] *Juan Pablo II entrega al tercer milenio la profecía del Concilio Ecuménico Vaticano II;* en "L'Osservatore Romano", 28-29/2/2000, p. 7.

[2] TERTULIANO. *Apologética*, 39, 7.

Pero Jesús abandonado, segunda Persona divina, había asumido también esa situación al hacerse hombre. En efecto, cuando a su Padre lo llama, no Padre, sino "Dios", parece reducido de Persona a *individuo*, uno de nosotros.

Luego, en cambio, al unirse nuevamente al Padre, cancela el individualismo y suscita la comunión.

Amar su Rostro en la Iglesia significaba, por eso, cooperar al ideal de la *Iglesia-comunión*.

El primer diálogo

Era poner en práctica –aunque todavía no nos diéramos cuenta– lo que muchos años después habría sido uno de nuestros diálogos, el *primero*, el que se da en el seno de nuestra Iglesia. Diálogo hecho posible, también aquí, por el abandono de Jesús.

El eterno *Diálogo* divino entre Padre e Hijo en el Espíritu Santo, que es la vida de la Santísima Trinidad, ¿acaso no parecía que se había cortado cuando Jesús emitió aquel grito, cuando pareció que en Dios se hubiera roto la unidad para después recomponerse? Por lo tanto, la posibilidad de cualquier diálogo fecundo estaba en Jesús abandonado que se vuelve a abandonar en el Padre.

Años más tarde Pablo VI, en la Encíclica *Ecclesiam Suam*, habría hablado de "diálogos" como círculos cada vez más amplios. Lo mismo haría el Vaticano II (cf. *GS* 92).

El segundo diálogo

En 1960, el plan de Dios sobre la Obra se abría también al campo ecuménico: nuestro *segundo diálogo*.

Este diálogo fue, para nosotros, una sorpresa. No pensábamos que estábamos llamados a él. Lo que sucede es que el programa de esta Obra está todo en el Cielo.

Justamente en la división entre cristianos, el Rostro de Jesús abandonado es más que evidente.

Como en los otros casos, también aquí fueron las circunstancias las que paso a paso nos expresaron la voluntad de Dios.

Nuestra historia ecuménica es conocida y ha sido descripta en distintas ocasiones.

Durante cuarenta años la Obra ha trabajado y trabaja en el campo ecuménico. Sus principios fundamentales son tres:

– la pertenencia al Movimiento de los focolares de fieles de más de 350 Iglesias y Comunidades eclesiales, dado que así lo permiten los Estatutos;

– la presencia de cristianos de distintas Iglesias, prevista en nuestros Estatutos, en todas las ramas de la Obra, también entre los consagrados;

– el "diálogo del pueblo" nacido entre todos nosotros.

Ya con estos dos primeros diálogos advertíamos que estábamos llamados a vivir no sólo las cruces de la Obra, sino también las de la Iglesia.

A decir verdad, éstas nos pesaban menos. Si bien el hecho de amar siempre a Jesús abandonado en todos los modos posibles descubriendo su Rostro en distintas partes, nos hablaba de dolor, también tenía para nosotros cierta fascinación, tanto que *íbamos corriendo* adonde aparecía.

El cuarto diálogo

También en 1960 se nos había abierto, a lo grande, el diálogo con aquellos que no profesan una fe religiosa. Es lo que llamamos *cuarto diálogo*. Aunque ya antes de 1960 habíamos tenido contacto con este diálogo: Pío XII nos lo había confiado durante una audiencia, y no sólo en el ámbito italiano.

Pero ahora era otra cosa: circunstancias providenciales nos abrieron caminos inimaginados hacia tierras en las que no pensábamos. Trabajamos a fondo, con grandes frutos para la Iglesia. Preferimos mantener en reserva la historia de esta actividad específica nuestra. Al día de hoy, sin embargo, este diálogo está vivo en todo el mundo. Vivo y fascinante, porque allí el Rostro de Jesús abandonado es más evidente que nunca. En cierto modo, él se hizo *ateísmo*[3].

[3] "En su límite extremo el ateísmo (...) corta el cordón umbilical que vincula al hombre con el más allá, con lo Trascendente, rompe el vínculo con el Abismo paterno y se ubica en su 'ausencia'. El 'sudor de sangre' de Cristo, su indecible angustia que estalla en el grito: 'Dios mío, Dios mío, ¿por qué me has abandonado?' es una terrible consumación del silencio del Padre, de su abandono del Hijo. Ningún hombre podría sobrevivir a este silencio; éste no se le ofrece a nadie más que al Hijo. El único

El tercer diálogo

Con el tiempo, más exactamente después de 1977, se abriría el diálogo con el *mundo de las distintas religiones*, nuestro *tercer* diálogo.

Un significado particular adquirió el diálogo con los judíos, a los que Juan Pablo II ha llamado "nuestros hermanos mayores". Muy pronto también se abrió con el Islam, por las raíces comunes en la vocación y en la fe de Abraham.

Por otra parte, nuestro diálogo es posible con personas de otras religiones sobre todo porque se pueden rescatar en ellas *semillas del Verbo*, como por ejemplo lo que se llama *regla de oro*, que es común a las principales religiones de la tierra, y que dice: "Hagan por los demás lo que quieren que los hombres hagan por ustedes" (cf. *Lc* 6, 31), lo cual quiere decir: Ama.

Poniendo en evidencia y viviendo juntos estas pequeñas verdades, se contribuye, con todos los otros hombres y mujeres de la tierra, a esa *fraternidad universal* que hizo posible el misterio de Jesús muerto y resucitado.

También en estos hermanos tenemos que ver a Jesús abandonado. El fue reducido, por su amor, a muy *poca cosa*, a nada, aún siendo Dios. Dado que estos hermanos poseen las *semillas del Verbo*, nos recuerdan su figura.

Hombre 'abandonado en lugar de todos los hombres' es el Hijo Unigénito. El pasa por la puerta del gran silencio, cargando el pecado de cada ateo" (P. EVDOKIMOV, *La teología ortodossa di fronte all ateismo;* en AA.VV.., *L'ateismo contemporaneo/4,* Turín 1969, p. 360).

Pablo VI

En 1963 subió al pontificado Pablo VI. En distintas audiencias, y a través de contactos epistolares, le puedo exponer la novedad que introduce el Movimiento en la Iglesia. El me ayudó a redactar, parte por parte, *un Estatuto*, que correspondía perfectamente al desarrollo del Movimiento de entonces. Y la Obra es aprobada en su integridad.

La primera vez que me recibió en una audiencia, me dijo: "Dígame todo. *Aquí todo es posible*". Y el Señor intervino, valiéndose del Papa. Ahora, el pensamiento de Dios en la Iglesia iba a coincidir con el de Dios en la Obra.

Dios permitió días de *alegría intensa*, pura, agradecida

La actitud paterna del Papa con respecto a nosotros, actitud que recordaba la acogida divina, por parte del Padre, al Hijo que en él se había vuelto a abandonar, es también causa de nueva vitalidad en cada sector del Movimiento. Pablo VI, durante su pontificado, me enviaría siete cartas personales, de las cuales cinco firmadas de su puño y letra.

La Obra, ya presente de alguna manera en todo el mundo, volvía a despertar, incrédula todavía.

Aún bajo el pontificado de Pablo VI tuve la suerte de conocer y de amar un rostro de Jesús abandonado muy especial, en el que no había dolor para abrazar, sino únicamente un *intensísimo amor*: el que resplandecía en el gran Atenágoras I, Patriarca Ecuménico de Constantinopla. La Providencia, en efecto, quiso que me encontrara haciendo de nexo oficioso entre el Santo Padre Pablo VI y él; que conociera su pensamiento, su ardiente anhelo por la unidad de la Iglesia ortodoxa con la Iglesia católica, que durante años me convirtiera en embajadora de *su tierno*, delicado amor por el Papa. Y finalmente, portadora de las respuestas del Papa para él.

Atenágoras era un gran *carismático*, el más grande que yo haya conocido fuera de la Iglesia católica. Y, como tal, era también un *profeta*, por lo que veía el porvenir y le dolía que el presente fuera sólo espera.

Me decía: "Llegará el día en que... el sol ascenderá alto, los ángeles cantarán y danzarán y todos nosotros, obispos y patriarcas, en torno al Papa, celebraremos en el único cáliz".

Fue por él que nació y se desarrolló el Movimiento de los focolares entre los ortodoxos, sobre todo en el Oriente medio.

LAS CRUCES DE LA IGLESIA

Una vez que nos fue quitada la cruz de nuestra Obra, confirmando la actividad de diálogo que, especialmente en los últimos años, se había vuelto nuestra, él, que es Dios, en uno de los encuentros con el Papa nos dijo, por su intermedio, que había llegado la hora de asumirse las mismas cruces de la Iglesia.

¡Las cruces de la Iglesia!

La Iglesia, que es para toda la humanidad, ya no es sólo la Iglesia de la cual son responsables la jerarquía, las órdenes religiosas: también nosotros, ahora, éramos corresponsables de la Iglesia, de la humanidad.

Pero, ¿estábamos en condiciones de llevar con la Iglesia su cruz? ¿Teníamos espaldas suficientes como para arrastrarla con ella a lo largo de un nuevo Calvario?

Toda nuestra esperanza estaba y está en Jesús abandonado

Sabíamos que la Iglesia no es ella misma si no está crucificada: "La pasión del Señor, cabeza de la Iglesia, continúa en sus miembros, en su cuerpo místico, la Iglesia. Ustedes saben –ha dicho Pablo VI– que ésta es la historia de la Iglesia, y no solamente historia pasada, sino, en no pocas regiones del mundo, historia presente".

Las dos dimensiones de la Iglesia

Por otra parte, si pensamos no sólo en la Iglesia como la parte de humanidad circunscripta a su aspecto institucional, sino en la que se extiende *por toda la tierra*, entonces sus cruces terminan coincidiendo con las de la humanidad entera.

Y así es la Iglesia.

Según Santo Tomás: "Todos los hombres destinados a la salvación son de algún modo miembros de Cristo y, por consiguiente, la Iglesia, que es el Cuerpo místico de Cristo, y que está constituida por todos los hombres, desde el principio del mundo hasta el fin"[1].

"La pertenencia a la Iglesia no se mide, por lo tanto, por la pertenencia a una institución, sino por la pertenencia a Cristo, la cual es determinada en primer lugar por él"[2].

Además, también aquellos que están más allá de este mundo viven de un modo u otro en la Iglesia, y muchas veces ésta debe ocuparse de ellos: pienso, por ejemplo, en aquellos que se encuentran en el purgatorio.

---

[1] Cf. *S. Th.*, III, q. 8, a. 3, ad1.

[2] G. CANOBBIO, *Le forme di appartenenza alla Chiesa nell'ecclesiologia cattolica successiva alla Riforma*, en *L'appatenenza alla Chiesa*, "Quaderni teologici del Seminario di Brescia", Brescia 1991, pp. 22-23.
El Vaticano II habla de distintos grados de incorporación y pertenencia a la Iglesia y de ordenamiento del Pueblo de Dios en LG 14-16 y hace referencia al texto de Tomás de Aquino arriba transcripto en la nota 18 de LG 16; EV 1, 326.

Y también en estos tiempos la Iglesia, en la plenitud de su dimensión, tiene su cruz y, a pesar de los cambios que todos conocemos, vivimos en una época dramática para ella y para el mundo. *La misma Iglesia,* entonces, se nos mostraba y se nos muestra como un gran Jesús abandonado para amar.

Además de los distintos rostros que nos mostraban los cuatro diálogos, veíamos uno que abarca toda la tierra: el del infinito fraccionamiento, a veces violento, de esa fraternidad universal que está inscripta en el ADN de cada hombre y por la cual Cristo vino a la tierra, para restablecerla en la unidad.

Por eso, para nosotros es una verdadera pasión el trabajar, por amor a Jesús abandonado, junto con todos los que estamos en diálogo, por *la fraternidad universal.*

Jesús abandonado, el subdesarrollado

El rostro de Jesús abandonado se puede ver, además, en los pueblos en vías de desarrollo. El, el "menos que hombre", *el subdesarrollado* por excelencia. En efecto, en el abandono Jesús experimentó, más que nunca, lo que significa ser un hombre sin la dignidad que le es propia. Sobre aquella cruz, en ese estado, probó lo que es la opresión, la esclavitud, el estar preso, sin salud, sin techo, sin alimento, el ser miserable, estar moribundo.

Por otra parte él –lo sabemos– es el punto de referencia para todos nosotros que deberemos presentarnos al examen final del juicio universal. Viéndolo a él, amándolo a él en los hermanos necesitados, sabemos desde ahora qué lugar ocuparemos: si a su derecha o a su izquierda. En otras palabras, el paso al Paraíso estará condicionado por la alegría, la paz, el consuelo, el pan y todo lo material y espiritual que hayamos distribuido a quien tiene necesidad.

Males con nombre e innominables

Nos recuerdan, además, a Jesús abandonado, esos males actuales que todos conocemos: esas masas de jóvenes, y no sólo jóvenes, *esclavos del sexo*, los que han tomado por el camino de la *droga, del alcohol*, etc. Males que tienen nombre, pero también innominables, como lo era él, abandonado, para los primeros cristianos: una dimensión tal de dolor *incomprensible* que era difícil, para ellos, *nombrarlo*.

Sin embargo, también en estos campos hemos tenido que comprometernos. Las casi mil obras sociales y de caridad que el Movimiento sostiene hoy en el mundo, son una prueba de ello.

La secularización

Además, reconocemos su rostro en ese relajamiento que, como extensión de la *secularización*, ha debilitado la moral y llevado a la ruina a muchos hijos de la Iglesia, aún los mejores. Y también hoy –aunque menos que ayer–, sacerdotes y religiosos que se laicizan, religiosas que dejan los conventos: figuras en las cuales no podemos dejar de reconocer a Jesús abandonado en el cual *lo divino queda completamente velado*.

Estos y otros hijos consagrados, por ejemplo, al abandonar sus compromisos hieren a la Madre, empobreciéndola en sí misma con la pérdida de quien había sido elegido y enviado a anunciar el Evangelio: repiten así en su rostro el de Jesús abandonado, la *Verdad que calla*.

Y también, especialmente en Occidente, pero no sólo allí, la difusión de ideas que amenazan la raíz de la fe relegando la religión al ámbito de lo privado, poniendo en duda todo y a todos: es otra expresión de Jesús abandonado, figura, en este caso, de la *incertidumbre*.

Y finalmente, si se le puede poner un final, el *consumismo*, triunfo del tener que hace a los pobres cada vez más pobres, como Jesús abandonado, figura de los pobres que se sienten hundir cada vez más en una pobreza sin fondo. Consumismo tan alejado de Jesús abandonado que se redujo a nada, a vacío, triunfo del *ser*, del *ser amor*.

ASPIRACION A LA UNIDAD

Paralela a este panorama negro, pero verdadero, observamos que sin embargo se insinúa en el mundo una aspiración vaga, pero sentida, a la unidad.

Aunque no se trata sólo de una aspiración sino que, por ejemplo en el *campo político*, es ya realización de distintas formas de unidad, todas inspiradas, conscientemente o no, en el Testamento de Jesús; mientras crece el número de naciones que esperan poder resolver sus graves tensiones de manera pacífica.

En el *campo social* vibra en el aire un sentido de solidaridad entre los hombres, algo que sienten todos, pero sobre todo los jóvenes.

En la Iglesia, el *Pentecostés del Concilio* eleva todavía su palabra autorizada por sobre la charlatanería del mundo y le infunde nueva esperanza.

Se trata de signos que dicen cómo las tribulaciones de la humanidad y de la Iglesia son permitidas por Dios para un bien más alto.

Y aquí uno vuelve a imaginar la figura del Abandonado, cubierto de *todas las situaciones* más absurdas, dolorosas, alucinantes, de todos los pecados, las enfermedades, que en su grito transforma todo el mal en bien, todo ese derrumbe en orden, toda desunión en unidad.

Es esta Iglesia la que grita, invocando a lo divino para que resplandezca dando vida a esta tierra; convocando al restablecimiento del orden moral, para salvar al hombre de la ruina; pidiendo a la fe, consolidarse más hermosa, más verdadera, liberada de lo accesorio; a las estructuras sociales, cristianizarse; a todos sus hijos, ser Iglesia en el sentido más profundo, etimológico, es decir, comunión, asamblea; a los sacerdotes, ser luz del mundo; a los obispos, trabajar con el Papa para que resplandezca más la unidad (que es unidad en la diversidad, y no uniformidad): es en esta Iglesia donde se injerta nuestro Movimiento con las joyas divinas que Dios ha depositado en él como en un vaso de arcilla.

El Movimiento en la Iglesia y su espiritualidad

Del corazón herido de Jesús abandonado ha brotado esa *espiritualidad particular-universal* (así como su dolor es uno de los tantos de la pasión pero los resume a todos) que genera la unidad.

Esa espiritualidad que nos enseña a ser uno con Dios y entre nosotros, como Jesús es uno con el Padre. Esa espiritualidad que, vivida individualmente, acrecienta la unión con Dios, y vivida entre varios, establece su presencia en medio de ellos. Esa espiritualidad social que tanto se adecua a estos tiempos, que son época de socialidad; espiritualidad social que –llevando a Cristo a las casas, a las fábricas, a las escuelas, a los hospitales, a las parroquias, a los congresos– consolida la fe vacilante, libera en las conciencias turbadas la voz de Dios. Esa espiritualidad que quita su rigidez a los dogmas (porque los hace comprender mejor y los hace amar); que acerca al hombre a Dios. Esa espiritualidad que hace sentir a la juventud la propia responsabilidad por un mañana de Dios, reaviva en el sacerdote el sentido profundo de su ser y le hace comprender la altísima función que tiene hoy, como ayer y como siempre, entre los hombres.

Jesús abandonado y la estructura ministerial

Jesús abandonado, corazón de la espiritualidad de la unidad, nos hace comprender con intensidad particular el significado de la estructura ministerial de la Iglesia.

El Papa es ese cristiano al cual Cristo le ha pedido que lo ame con un amor más grande que todos los demás (cf. *Jn* 21, 15-17). Precisamente en este saber amar más, radica su posibilidad de sostener a los obispos, columnas de la Iglesia, y a todos los cristianos: "Confirma a tus hermanos" (*Lc* 22, 32).

Ahora bien, a nosotros nos gusta pensar que es precisamente Jesús abandonado, en el momento en el cual *ha amado más* que en cualquier otro momento de su vida, quien está en el origen de ese carisma excepcional, único, dado a aquel que, continuando a Pedro, está destinado a ser la piedra que sostiene todo el edificio: el Papa.

Es más, creemos que Jesús en su pasión, y particularmente en su abandono, hasta la muerte y resurrección –cuando entra también en posesión plena de la *gratia capitis* que tenía desde la encarnación y llega a ser tan plenamente Cabeza del Cuerpo místico y hermano de los demás hombres–, es *modelo* del Papa, que preside el colegio de los obispos al tiempo que es uno de ellos, hermano de ellos.

Al mismo tiempo, dado que Jesús en el abandono resume ante el Padre la humanidad entera, él le da al Papa, en ese carisma de unidad que le es característico, la posibilidad de *resumir* en sí la Iglesia[1]. También por sí solo él es Iglesia, por esa potente presencia de Cristo que ha dicho: "El poder de la Muerte no prevalecerá contra ella" (*Mt* 16, 18): porque él siempre habría estado presente en la Iglesia, y de un modo muy particular en el Papa.

De manera análoga, aunque distinta: donde está *el obispo*, allí está la Iglesia, porque el obispo resume en sí

---

[1] "El Señor Jesús, como ustedes saben, antes de su pasión eligió a aquellos discípulos que llamó Apóstoles. Entre éstos, casi en todas partes, nadie más que Pedro mereció representar a la Iglesia entera. Precisamente por el hecho de representar por sí solo a toda la Iglesia, mereció escuchar: 'Te daré las llaves del Reino de los Cielos' (*Mt*, 16, 19). En efecto, estas llaves no las recibió un solo hombre, sino la Iglesia en su unidad. Es por esto, entonces, que se celebra la preeminencia de Pedro, en cuanto representó a la Iglesia en su misma universalidad y unidad cuando se le dijo: 'A tí te entrego' lo que fue dado a todos. (...). Pedro representaba la Iglesia universal (...). Por eso mismo, también después de la resurrección, el Señor le confía precisamente a Pedro apacentar sus ovejas. En efecto, no es que entre los apóstoles sólo él haya merecido apacentar las ovejas del Señor: sino que cuando Cristo se dirige a uno solo, quiere resaltar la unidad" (AGUSTIN DE HIPONA, *Discurso* 295, 2.2, 4.4, en *Opera Omnia di sant'Agostino,* vol. XXXIII, roma 1986, pp. 311.315).

su Iglesia particular, siempre en la unidad con los otros obispos y con el Papa; y es en esta unidad que puede dar curso a su celo por la Iglesia universal.

Donde hay un sacerdote, además, allí está Cristo pastor de la grey que se le ha confiado. El sacerdote continúa la presencia ministerial de Cristo sacerdote en el pueblo de Dios.

Jesús abandonado y los Sacramentos

Pero Jesús abandonado, la Palabra de Dios encarnada y totalmente desplegada, no sólo ha sido la causa efectiva de las *estructuras ministeriales* de la Iglesia, sino también de las *sacramentales*, aún hoy tan poco comprendidas.

En particular, ha sido Jesús abandonado quien, privado del sentimiento de ser Hijo de Dios, nos ha generado hijos de Dios, tal como llegamos a ser con el *bautismo*.

¿Cuándo nos dio una fuerza sobrenatural para vencer todas las batalias, aún las que parecen desproporcionadas ("Te basta mi gracia" [2 *Cor* 12, 9], le dijo el Señor a Pablo), si no es en el abandono, victoria sobre la prueba de las pruebas?

Jesús abadonado que, cuando se lo abraza, dona a las almas el Espíritu Santo, nos ha donado también la *Confirmación*, haciéndonos aptos para la vida cristiana que también es lucha, y derrama con abundancia los dones del Espíritu Santo sobre nosotros.

Por otra parte, ¿cuándo nos ha purificado Jesús de nuestros pecados, si no al dar a sus sacerdotes la posibilidad de absolverlos mediante el sacramento de la *reconciliación*? En la pasión, Jesús abandonado es la fuente de agua viva que tiene el poder de lavar toda la descomposición producida por los pecados humanos.

¿Cuándo nos ha dado su cuerpo, su sangre, su alma y su divinidad? Jesús abandonado, junto con su cuerpo entrega también su divinidad. Se nos presenta como el árbol cuyo fruto es *la Eucaristía*. Además, dado que es fruto de Jesús abandonado, la Eucaristía es vínculo de unidad.

¿Cuándo fue Jesús causa de la gracia divina que une al varón con la mujer, dos en una sola carne, si no es en el abandono cuando, separado del Padre, se vuelve a unir a él? Jesús abandonado nos ha dado el sacramento del *matrimonio*.

¿Cuándo dió Jesús sus mismos poderes sacerdotales a los hombres, para que continuáramos la obra de la salvación?

En el abandono, en el cual él mismo se hace sacerdote y víctima, es el Hombre-Dios en condiciones de generar hombres que se vuelven capaces, porque se les confiere el *orden sagrado*, de continuar en forma particular su sacerdocio.

Y, ¿cuándo nos ha iluminado el pasaje oscuro de la vida terrena a la patria celestial, si no cuando, habiéndose vuelto él mismo tiniebla infinita, nos dio la luz a nosotros y, habiéndose hecho muerte, nos dio a nosotros la Vida?

Jesús abandonado es el artífice del *viático* y de la *unción de los enfermos*.

Por eso Jesús, en el abandono, le da su profundo significado a los sacramentos instituidos por él mismo en el curso de su vida.

La espiritualidad de Jesús abandonado está hecha justamente para la Iglesia que, si bien ya es divina y una, hoy necesita mostrar al mundo éstas prerrogativas suyas, y sólo lo puede hacer si es más divina y más una.

Jesús abandonado es quien puede darle más esplendor a lo divino de la Iglesia, porque lo que él ofrece en el dolor es precisamente a Dios. Y puede reforzar la unidad en la Iglesia, desde el último fiel hasta el Papa, porque es maestro de unidad.

Jesus abandonado, sin embargo, no tiene que ver solamente con el aspecto institucional de la Iglesia, con su jerarquía y con sus sacramentos.

Jesús abandonado, los mandamientos y los consejos evangélicos

También la *síntesis de todos los mandamientos y de todos los consejos* del Evangelio están en el grito del abandono, que sólo allí sabe expresar cabalmente. Así como también la síntesis de todos los *efectos de una vida evan-*

gélica está en el testamento final, cuya realización es fruto de ese grito.

"Yo en ellos y tú en mí, para que sean perfectamente uno" (*Jn* 17, 23); "Que todos sean uno" (*Jn* 17, 21).

Según von Balthasar, por ejemplo, todas las palabras que pronució Jesús en la cruz tendrían que ser comprendidas a través del grito: "Dios mío, Dios mío, ¿por qué me has abandonado?".

Afirma que esas palabras podrían ser comprendidas, aun respetando su significado particular, como una ulterior explicación del estado de ánimo de Jesús en el grito.

De allí que las palabras "tengo sed" pueden ser interpretadas como sed de esa agua viva para los demás que ya no siente brotar de sí mismo, porque está seco y sediento.

Así también, cuando le confía la Madre a los discípulos, esas palabras, "a pesar de la primaria preocupación afectuosa por la Madre, contiene en el fondo un significado teológico: el Hijo pone en comunión la cruz con la Madre (le da a su Madre una cruz como la suya) por el hecho de que él se sustrae a ella, así como el Padre se sustrae al Hijo"[2].

[2] H.U. VON BALTASAR, *Mysterium Pascale*, en *Mysterium Salutis*, VI, Brescia 1971, pp. 272-273.

La espiritualidad de Jesús abandonado puede reavivar las otras espiritualidades de la Iglesia

Von Balthasar observa, en efecto, una relación entre el grito de Jesús y el resto del Evangelio.

Por eso, la espiritualidad que florece del dolor de Jesús abandonado, nacida en el siglo XX, es particular y tiene características universales.

De allí que sea tan útil para reavivar, por ejemplo, las otras espiritualidades particulares surgidas en la Iglesia.

Si para los franciscanos es importante la pobreza, de la cual Francisco es el carisma encarnado, ¿quién más *Dama pobreza* que Jesús, que en el abandono perdió a Dios?

Si los jesuitas ponen de relieve *la obediencia*, ¿quién más obediente que Jesús que, privado del sentido de la presencia del Padre, se abandona en él?

Jesús abandonado es el modelo del *ora et labora* de los benedictinos, porque su grito es la más desgarradora oración y da como fruto la obra más fabulosa.

Jesús abandonado es el modelo de los dominicos, porque es allí donde expresa, donde *da toda la Verdad*, es el Cristo completamente abierto, desplegado.

Jesús abandonado es el modelo de los que siguen a San Vicente de Paul y de todos los que se ocupan de obras de misericordia, porque es sobre todo allí que *la misericordia infinita* de Dios se vuelca sobre el género humano.

Jesús abandonado es el Crucifijo de quien, como santa Teresa de Lisieux, *se abandona* en Dios.

Jesús abandonado es el Crucifijo de quien, como Teresa de Avila, le ofrece al mundo los frutos de una vida de contemplación, porque en ese grito él *da la Sabiduría*, su luz, su gloria, la posibilidad de la imposible penetración del misterio.

"Les he dado a conocer todo lo que he oído de mi Padre" (*Jn* 15, 15); "el Espíritu Santo (...) les enseñará todo" (*Jn* 14, 26).

Por eso, para aquellos que aman, la fe no es ciega y mucho menos para quien ama de acuerdo a su corazón abandonado.

Y podríamos continuar.

La espiritualidad de Jesús abandonado puede penetrar en todas las otras espiritualidades llevándolas de nuevo, si fuera necesario, *a su verdadero significado*, al carisma que el Cielo depositó en el corazón del fundador, iluminando a los discípulos para que cada uno pueda comprender al propio maestro y lo que ha dejado para ellos en las reglas de vida.

El Crucifijo ecuménico

Todo el Evangelio está contenido en ese grito: no sólo la exhortación de Cristo sobre el modo de vivir cristiano, sino las palabras con las cuales instituye la Iglesia.

Por eso Jesús abandonado se nos presenta, entre otras cosas, como un Crucifijo ecuménico: en él está el secreto de la recomposición de todos los hermanos cristianos en la plena comunión visible, que Cristo ha pensado.

Siguiéndolo a él, pero sobre todo viviéndolo a él, es como el Movimiento de los focolares se ha hecho útil a la Iglesia y lo quiere ser cada vez más en este tiempo difícil, pero espléndido, que ha abierto tantos horizontes nuevos.

El Crucifijo para los ateos

Volviendo con el pensamiento a nuestros hermanos sin fe, estamos convencidos de que el crucifijo que hay que presentarles a ellos no es el que se mostraba en los primeros siglos a los que llamábamos paganos, porque a estos hermanos nuestros no les interesa la salvación, ni la resurrección, ni el mundo futuro.

Es necesario presentarles *un crucifijo en el cual Cristo parezca sólo hombre.* Y así es como aparece en el abandono.

Es más, es necesario hacerlos encontrar con cristianos que lo aman tanto, como Jesús abandonado, podríamos decir, que saben probar la pérdida de Dios por los hombres.

Cristianos que saben hacerse "como uno de ellos, a fin de ganar a los que no están sometidos a la Ley (de Dios)" (1 *Cor* 9, 21) –como dice San Pablo–: crucifijos vivientes. Entonces estos hermanos nuestros, poco a poco, sienten simpatía por estos hombres simples, pero íntegros. Luego, de la simpatía, nace el coloquio. Y del coloquio la comunión: y lo divino penetra, sin que lo adviertan, en sus almas y en la sociedad que, si bien, ésta última, a veces no se ha edificado en nombre de Dios, de esta manera se convierte en su casa, como sucedió con los tiempos paganos, del cristianismo originario, que se transformaron en iglesias.

Jesús abandonado es su crucifijo porque –como ya hemos visto– por ellos él se hizo ateísmo.

El Crucifijo y la nueva creación

Jesús abandonado le dio al Padre una nueva creación. En el umbral del tercer milenio, con la meditación y la vida de su misterio, todo puede y tiene que renovarse. Como sucede en nuestro Movimiento.

"Yo –dice el Espíritu– hago nuevas todas las cosas" (*Ap* 21, 5): hombres nuevos, apóstoles nuevos, familias nuevas, sociedades nuevas, parroquias nuevas, ciudades nuevas, generaciones nuevas, palabras nuevas, músicas nuevas, Iglesia nueva como la quiere el Concilio, renovada desde adentro.

Y en donde "las cosas" son viejas, porque está ausente el Espíritu de Dios o el conocimiento de Cristo, el Movimiento de Jesús abandonado tiene la fuerza de dar *nuevos fieles* a la Iglesia de Dios.

En fin, Jesús abandonado es todo.

En él se encuentra toda riqueza que sirve para transformar a la humanidad, para hacer *esperar lo imposible*, dado que nadie ha esperado tanto como él.

Es más, él, que ya ha recapitulado todo en sí, no espera otra cosa que a nosotros; siguiéndolo, le damos la alegría de ver que su esfuerzo no ha sido en vano.

De Pablo VI a Juan Pablo I

Pero continuemos con nuestra historia.

El 6 de agosto de 1978, día de la Transfiguración, Pablo VI partió al Cielo. ¡Ha muerto un santo! Esa es la sensación que —estamos seguros— será un día confirmada por la Iglesia.

Veinte días más tarde, el 26 de agosto, subía a la cátedra de Pedro el "Papa de la sonrisa", Juan Pablo I. Aunque su pontificado es brevísimo —dura sólo un mes— tiene tiempo para sonreírnos también a nosotros con palabras de bendición.

Juan Pablo II

Le sucede, el 16 de octubre de 1978, Juan Pablo II, "nuestro" Papa. Casi enseguida me quiere conocer y en esa ocasión se entera, por un mapa que le llevo, de nuestra *difusión en el mundo*. En los más de veinte años que han pasado hasta hoy (y esperemos que su servicio a la Iglesia sea todavía largo), irá conociendo, con gran alegría, la invasión, en nuestro planeta, del amor que vivimos y que crea unidad.

La verá en acción en todos los puntos de la tierra, donde peregrina; la conocerá a través de las numerosas audiencias que nos y me concede, a menudo con invitaciones a compartir la mesa con él en su casa.

Su relación con nosotros es cada vez más profunda y llegar a ser *intensísima*. Es una plenitud que nos habla de *resurrección completa*.

Más allá de las audiencias, su presencia en nuestras manifestaciones públicas, las cartas, los extraordinarios llamados telefónicos con los que en estos tres últimos años quiso hacerme llegar sus felicitaciones por el honomástico, en el día de Santa Clara, hablan de lo que somos para él.

Algunas frases de sus cartas –22 autógrafas hasta ahora... un número que maravilla a cualquiera–: "(...) Sus felicitaciones y las de los miembros del Movimiento de los focolares, me son muy gratos –escribe el 14 de abril de 1995–, porque sé que van acompañados del afecto y de la oración. Cuento mucho con esta solidaridad espiritual para mi ministerio apostólico".

El 18 de abril de 1994, escribe: "(...) Las reconfortantes noticias sobre su salud me han dado mucha alegría (...)".

Textos, éstos, que hablan de mucha confidencia.

He aquí la carta que el Santo Padre me envió el 13 de enero de 2000, con motivo de la ciudadanía romana que me había sido ofrecida:

A la señorita
CHIARA LUBICH
Fundadora y presidente del Movimiento de los focolares

Desde el Vaticano, 13 de enero de 2000

Me he enterado, con alegría, de que el próximo 22 de enero, con motivo de su 80° cumpleaños, la Administración Comunal de Roma piensa conferirle solemnemente la ciudadanía honoraria. En esta feliz ocasión quiero hacerle llegar también yo mis fervientes deseos de sumo bien, al tiempo que me uno a su acción de gracias a Dios por el inestimable don de la vida.

Después de haberla llamado, con el bautismo, a convertirse en su hija amada, él ha querido unirla más íntimamente a Cristo pobre, casto y obediente mediante la total consagración a su amor, para que con corazón íntegro fuera mensajera de unidad y de misericordia entre tantos hermanos y hermanas, en todos los rincones del mundo.

Siguiendo las huellas de Jesús, crucificado y abandonado, Usted ha dado vida al Movimiento de los focolares, para ayudar a los hombres y mujeres de nuestro tiempo a experimentar la ternura y la fidelidad de Dios, viviendo entre ellos la gracia de la comunión fraterna, para ser anunciadores gozosos y creíbles del Evangelio.

Mientras confío a la protección de María, Madre de la unidad, su persona y el bien realizado en estos largos años, invoco sobre Usted la fuerza y la luz del Espíritu Santo para que pueda seguir siendo testimonio valiente de fe y de caridad no sólo entre los Miembros de los focolares, sino también entre todos aquellos que encuentra en su camino.

Reiterándole cordiales votos de días serenos e iluminados por la gracia divina, le imparto de corazón, en señal de constante afecto, una Bendición Apostólica especial, extendiéndola, con gusto, a todas sus personas queridas.

Joannes Paulus II

Es el máximo –creo– de los reconocimientos que la Iglesia, en los Papas, le ha dado al Movimiento.

Un regalo extraordinario de su parte ha sido, además, el ofrecimiento de la *sala de audiencias* en Castel Gandolfo, en 1982, transformada por nosotros en un Centro Mariápolis, construido con la contribución de todo el Movimiento, como una "catedral a Jesús entre nosotros".

El 19 de agosto de 1984 Juan Pablo II hizo una visita memorable al actual Centro de la Obra, donde, entre otras cosas, nos dijo:

"(...) El amor es (...) la chispa inspiradora de todo lo que se hace con el nombre de focolares, de todo lo que ustedes son, de todo lo que ustedes hacen en el mundo. (...)

En la historia de la Iglesia ha habido muchos radicalismos del amor (...). Está también vuestro radicalismo del amor, de Chiara, de los focolarinos: un radicalismo que descubre la profundidad del amor y su simplicidad (...), y trata que este amor se imponga siempre en cada circunstancia, en cada dificultad. (...)

Ustedes han acentuado esta fórmula de San Juan: "Dios es Amor". Quiere decir que, cuando se vive el amor, (...) se hace ver a Dios. Este no es un programa abstracto, es un programa vivido. (...)

Los encomiendo, en modo especial, a la Santísima Virgen (...), porque ella supo vivir, más que cualquiera, el amor, el radicalismo del amor.

(...) Les auguro que sean levadura en la masa de la humanidad y del Pueblo de Dios. Les auguro que sean levadura evangélica en la Iglesia (...). Veo vuestros contactos muy fructuosos en la dimensión ecuménica, con nuestros hermanos no cristianos (...) y, además, los contactos con el mundo secularizado, con los no creyentes, con los ateos y los agnósticos. (...) El amor abre camino. Les auguro que este camino, gracias a ustedes, sea cada vez más amplio para la Iglesia"[3].

Ya antes, en Cracovia, donde era cardenal, Karol Wojtyla había conocido el Movimiento y su actitud había sido la de dar plena confianza a nuestro carisma y, por eso, no intervenir con directivas u otras cosas.

Actualmente, como Papa, las da, pero en general sólo para subrayar nuestro carisma en sus distintas expresiones.

He aquí algunos pasajes de sus discursos a nuestro Movimiento.

A los sacerdotes, el 30 de abril de 1982:

"(...) Pueden resultar de gran ayuda (...) algunos grandes componentes del mensaje evangélico que se han convertido también en puntos fundamentales de la espiritualidad del Movimiento de los focolares. Tal es el caso de los *dos polos* fundamentales de *Jesús crucificado* y de la *unidad* en la caridad, que el Movimiento retoma del

---

[3] *Discurso al Movimiento de los focolares*, Rocca di Papa, 19 de agosto de 1984, cit.

Evangelio, destacándolos y aplicándolos en formas renovadas.

(...) La sangre de Cristo (cf. *1 Ped* 1, 18-19), *su grito*, aunque confiado, de *abandono* en el madero del suplicio (cf. *Mc* 15, 34), su muerte. En el culmen de su dolor está el culmen de su amor.

(...) Abrazando, en las pruebas cotidianas, a Jesús sufriente, nos unimos inmediatamente con el Espíritu del Resucitado y su fuerza vivificante (cg. *Rom* 6, 5; *Fil* 1, 19).

(...) Hay otro componente de la espiritualidad evangélica que el Movimiento de los focolares ha hecho propio (...): *la unidad* que Jesús pidió al Padre antes de morir. Ha sido con el despojo de Cristo hasta el abandono y la muerte que nosotros hemos sido hechos uno con él y entre nosotros. Además, cuando Jesús nos da su mandamiento de amarnos como él nos ha amado, nos invita a tener como medida su misma medida: es ésta precisamente la que puede dar como fruto la unidad. (...). Por otra parte, en la unidad se experimenta viva la presencia de Cristo resucitado, en el cual, justamente, somos uno"[4].

En febrero de 1995 le decía a los obispos católicos amigos del Movimiento:

"(...) Ser uno en Cristo es, podríamos decir, la forma primera y permanente de evangelización puesta en práctica en la comunidad cristiana.

---

[4] En "Ciudad Nueva", Nº 203, Junio1982, pp. 18-22.

Nuestro tiempo exige una nueva evangelización. Requiere, por consiguiente, con particular intensidad y urgencia, responder a esta original vocación personal y eclesial: formar, en Cristo, 'un solo corazón y una sola alma' (*Hech* 4, 32). Un anuncio renovado del Evangelio no puede ser coherente y eficaz si no va acompañado de una *sólida espiritualidad de comunión* (...)"[5].

En una ocasión similar, en febrero de 1998, refiriéndose a un discurso que había hecho en 1987 ante la Curia romana[6], afirmaba:

"(...) La misión apostólica y la misión de la Madre de Dios están íntimamente unidas y son complementarias. (...). La Iglesia, por eso, junto al *"perfil petrino"*, posee un insustituible *"perfil mariano"*; el primero manifiesta la misión apostólica y pastoral que le ha confiado Cristo, el segundo expresa su santidad y su total adhesión al plan divino de la Salvación. Este vínculo entre los dos perfiles de la Iglesia, el mariano y el petrino, es entonces estrecho, profundo y complementario"[7].

Nuevamente, dirigiéndose a ellos, decía en una audiencia en febrero de 1999: "El Movimiento está *todo inspirado en el amor (...)*. Bajo esta luz cobran particular

[5] *JUAN PABLO II a un grupo de obispos amigos del Movimiento de los focolares*, en "L'Osservatore Romano", 17/2/1995, p. 5.

[6] Cf. *Insegnamenti*, X/3, 1987, p. 1484.

[7] *Juan Pablo II, a un grupo de obispos amigos del Movimiento de los focolares*, en "L'Osservatore Romano", 16-17/2/1998, p. 6.

relieve las iniciativas promovidas por el Movimiento de los focolares. No sólo en el ámbito ecuménico, sino también en los contactos con las comunidades judías e islámicas. Son importantes también los desarrollos del proyecto de una *economía de comunión*. (...) Todo esto pone muy en evidencia la vitalidad de los Focolares y es motivo de aliento para continuar por el camino emprendido"[8].

En el encuentro ecuménico de los obispos amigos del Movimiento, en noviembre de 1997, dijo:
"Como centro de vuestro encuentro ustedes se han propuesto ir en profundidad en la espiritualidad del Movimiento de los focolares como *espiritualidad ecuménica,* para vivir a fondo la eclesiología de comunión como presupuesto indispensable para un itinerario cada vez más convencido y concorde hacia la plena unidad"[9].

El 3 de mayo de 1981 decía en el Encuentro del Movimiento Familias Nuevas sobre "La familia y el amor":
"(...) Ustedes construyen la Iglesia en su dimensión más pequeña y al mismo tiempo fundamental: la 'Ecclesiola'.
(...) La riqueza está y tiene que estar en la idea-fuerza de vuestra espiritualidad, que es la certeza en *Dios Amor* (...). En este sentido, vuestra espiritualidad es abierta,

[8] En "L'Osservatore Romano", 13/2/1999, p. 4.
[9] En "L'Osservatore Romano", 14/11/1997, p. 5.

positiva, serena, conquistadora: ustedes quieren construir la Iglesia en los ánimos, con el amor y en el amor, viviendo en Cristo y con Cristo presente en la historia cotidiana de cada persona abandonada, desilusionada, sufriente o desorientada"[10].

A los jóvenes del Movimiento, el 18 de mayo de 1980:

"(...) ¿Qué es lo que les inspira tanta confianza? ¿Dónde tomar coraje para proyectar e intentar la empresa ciclópea de la construcción de un *mundo unido*? Me parece escuchar la respuesta que brota de vuestros corazones: 'En la palabra de Jesús. El es el que nos ha pedido que nos amemos entre nosotros hasta llegar a ser una sola cosa. Es más, él ha orado por esto".

(...) ¡Queridísimos jóvenes, generación nueva que lleva en sus manos el mundo del futuro! Ustedes han decidido hacer del amor la norma inspiradora de vuestra vida. Por eso el compromiso de la unidad se ha convertido en vuestro programa. Es *un programa eminentemente cristiano*. Por eso el Papa, con todo gusto los alienta a proseguir por este camino, cueste lo que cueste. Ustedes tienen que dar a sus coetáneos el testimonio de un entusiasmo generoso y de una inflexible constancia en el esfuerzo exigido por el propósito de construir un mundo unido.

---

[10] En "Cittá Nuova", 25 (1981), n. 10, p. 38.

(...) Los hombres que saben mirar al futuro son los que *hacen la historia*; los otros son remolcados y terminan por encontrarse al margen (...). Sólo quien se compromete en el presente, sin dejarse "capturar", sino que permanece con la mirada del corazón puesta 'en las cosas de allá arriba, donde se encuentra Cristo sentado a la derecha de Dios" (*Col* 3, 1), puede orientar la historia hacia su cumplimiento"[11].

[11] En "Ciudad Nueva", Nº 182, julio 198), pp. 19-22.

OTROS RECONOCIMIENTOS
DE PERSONALIDADES RELIGIOSAS

Este nuevo período de la Obra de María, que es fruto del amor que se ha tratado de tener siempre por Jesús abandonado y que ahora también se manifiesta en ella con el rostro glorioso del Resucitado, se evidencia incluso en otros reconocimientos de personalidades religiosas.

No han sido sólo los Papas, los últimos cinco, los que han reconocido y sostenido al Movimiento. La Curia romana, en sus Congregaciones y en sus Consejos Pontificios, con los cuales tienen que ver algunas de las ramas o aspectos de nuestro Movimiento, informados de su actividad, observan nuestra acción con aprecio, con alegría, y también con preciosos consejos.

De igual modo numerosos obispos, arzobispos y cardenales nos bendicen gustosamente en las distintas diócesis del mundo.

A su vez, también eminentes autoridades de otras Iglesias nos observan con gran afecto, nos alientan y solicitan que se difunda nuestra espiritualidad entre sus fieles. Es lo que ha sucedido con los cuatro últimos Primados de la Iglesia de Inglaterra, con los últimos tres Patriarcas de Constantinopla, con eminentes obispos luteranos, con autoridades reformadas, etc.

Lo mismo puede decirse de los fundadores de nuevos Movimientos religiosos en la tradición budista o de prestigiosos exponentes de sus más antiguas expresiones. También de personalidades del mundo judío, islámico, etc.

Estos amigos, que mucho asimilan el espíritu del Movimiento, aunque en modos diversos, hacen que éste se viva no sólo entre individuos, sino entre Iglesias, entre religiones, etc.

AÑOS DE ALEGRIA, A VECES EXULTANTE

Estos últimos 23 años han sido de una alegría casi permanente que ha llegado a ser, por momentos, exultante, a pesar de que haya pruebas de tanto en tanto: enfermedades, incluso largas, y... partidas para el más Allá.

Quien procura, sin embargo, esta paz, esta alegría, estos momentos de regocijo cristalinos y transparentes es siempre Jesús abandonado, subrayado en cada momento con la vida. Sabemos demasiado bien quién es él y el porqué de los frutos personales y de la Obra, y los efectos de los dones de su Espíritu en el corazón. Los pensamientos espirituales de las "Conexiones" mensuales, difundidos en todo el mundo, dan testimonio de la fidelidad a él, siempre anhelada y, en todo lo que podemos, practicada. Algunos de sus títulos traslucen el contenido:

"Jesús abandonado y las doce estrellas de la perfección", "Reneguemos de nosotros mismos", "Nuestra penitencia", "Vivir para esa hora", "Reaccionar", "Es siempre amor", "Inexistencia", "Perfecta alegría", "Con radicalidad", "Alma esposa", "La hora".

Así, sin que nos diéramos cuenta, de esta espiritualidad comunitaria, *robusta* —como la definió el Santo Padre, precisamente porque florece de la llaga de Jesús abandonado– hemos visto formarse pequeños grandes santos; es más, hemos visto verificarse una *santidad de pueblo.* Nos hemos enterado de esta santidad, y nos hemos vuelto más conscientes en estos últimos tiempos, después que la Iglesia en sus pastores, y en varias diócesis, no sólo los han señalado sino que se han ocupado de iniciar, o de pensar en iniciar, procesos de canonización.

Se trata de una santidad nueva, caracterizada por el haber sabido hacer, con fidelidad, la voluntad de Dios; haber amado siempre a ejemplo de Jesús abandonado, y haber vivido comunitariamente.

Después de haber ubicado todas las realidades de la Obra en el Estatuto (donde también, más de una vez, nos ha dado una mano fuerte el Santo Padre Juan Pablo II, especialmente para soluciones difíciles y decisivas), ahora sentimos, a comienzos del 2000, que debemos ofrecer estos ejemplos, estos *testimonios,* a los miembros del Movimiento para que, ahora que están en camino, los ayuden a alcanzar también ellos la meta.

Nos alegra constatar que, por esta última novedad, nuestra Obra está cumpliendo con uno de los fines que se tienen como pauta para el reconocimiento eclesial: el de llevar a las personas a la santidad.

NUESTRO LUGAR EN LA IGLESIA

Uno de los acontecimientos más importantes, en el cual el Santo Padre Juan Pablo II ha ayudado a nuestro Movimiento, se verificó el 30 de mayo, vigilia de Pentecostés '98 en la Plaza San Pedro, cuando definió cuál es nuestro lugar en la Esposa de Cristo, junto al de los otros Movimientos y Comunidades eclesiales, como significativas expresiones del aspecto carismático de la Iglesia, *coesencial* al aspecto institucional.

No puedo aquí dejar de pensar en nuestra historia, en la *pasión* de los primeros tiempos de nuestra Obra, cuando teníamos la impresión de ser abandonados precisamente por la Iglesia. Ahora, en esta memorable circunstancia *histórica,* nos parece percibir no sólo la resurrección de Jesús que vive en la Obra, sino también, de alguna manera, de su ascensión a la derecha del Padre. Es lo que se percibe al poner, en nuestro caso, nuestra realidad carismática (junto con todas la otras) al lado de la Iglesia institucional, jerárquica, a cuyo discernimiento nos hemos confiado, y con la cual debemos y queremos estar siempre en plena, en perfecta comunión y obediencia. Como Jesús, que ascendido al Cielo, está unido y es obediente al Padre.

Además, en ese día el reconocimiento de la Iglesia se extendió, también en lo que respecta a nuestro Movimiento, a la nueva forma de consagración constituida por los focolares, a la inserción, por lo tanto, de este *nuevo camino* entre los caminos de la Iglesia para llevar a las personas a la perfección: "Sean perfectos como es perfecto el Padre" (*Mt* 5, 48).

También por esto, los Movimientos eclesiales, y entre ellos el nuestro, se han convertido en motivo de esperanza para la Iglesia del tercer milenio.

Lo dijo claramente el segundo Sínodo de Obispos de Europa, en octubre de 1999, en una de sus afirmaciones:

"Los nuevos Movimientos y Comunidades eclesiales contribuyen a que los cristianos vivan más radicalmente de acuerdo al Evangelio; son sementeras de diversas vocaciones y generan nuevas formas de consagración; de manera especial promueven la vocación laical y la realizan en los distintos ámbitos de la vida; suscitan la santidad del pueblo; pueden ser anuncio alentador para los que de otra manera no encontrarían a la Iglesia; muchas veces sostienen el camino ecuménico y abren caminos para el diálogo entre las religiones; son un remedio contra la difusión de las sectas; también es muy importante el hecho de que infunden en la Iglesia un impulso y un espíritu gozoso".

Y los pastores se van convenciendo. Por eso crece el aprecio por ellos y se cuenta con ellos en las propias diócesis. El presidente de la Conferencia Episcopal de una nación de importancia afirmaba que, si el mundo de hoy ve en acción el consumismo, la secularización, etc., a esto le hace de contrapeso la primavera de la Iglesia.

ESCUELA ABBA E "INUNDACIONES"

En estos últimos diez años, además, ha surgido dentro del Movimiento y crece velozmente, por los continuos impulsos del Espíritu Santo, la Escuela Abba. En ella, con la presencia de Jesús resucitado entre los *alumnos-profesores*, efecto de su amor a Jesús abandonado renovado en cada ocasión con un pacto, se trata de volcar en *doctrina*, luminosa y segura, nuestra vida de comunión, la espiritualidad de la unidad que, como hemos dicho, reaviva y ahonda la realidad del Cuerpo místico de Cristo.

De esta manera se llega a recibir más plenamente la luz del Espíritu Santo, que así tiene la posibilidad de *clarificar*, es decir, de iluminar ulteriormente no sólo la ciencia de Dios: la Teología, sino la Filosofía y todas las otras ciencias, las disciplinas y, en consecuencia, todos los distintos ámbitos del compromiso humano, desde el económico al político, desde el cultural al artístico, al social, a la salud, al científico, etc.

Luz que tiene la posibilidad de iluminar también nuestro trabajo, no sólo en favor de una Iglesia-comunión, sino también de la unidad de las Iglesias, del diálogo con las otras religiones y con las distintas culturas. En práctica, a edificar todo en Cristo.

En los apuntes escritos en 1949, período de particulares iluminaciones del Espíritu Santo, en la página que podría titularse "Resurrección de Roma", está escrito:

"Jesús tiene que ser resucitado en la Ciudad eterna e introducido por todas partes. Es la Vida, y Vida completa. No es sólo un hecho religioso... Separarlo de la vida entera del hombre es una herejía práctica de los tiempos presentes y un sometimiento del hombre a algo menos que él y relegar a Dios, que es Padre, lejos de sus hijos.

No, él es el *Hombre*, el hombre perfecto, que resume en sí a todos los hombres y toda verdad e estímulo que ellos pueden sentir para elevarse a su propio lugar.

Quien ha encontrado a este Hombre ha encontrado la solución a todo problema, humano y divino. El lo manifiesta. Basta que se lo ame".

Y en dos notas explicativas de este escrito se comenta:

"A veces se piensa que el Evangelio no resuelve todos los problemas humanos y que sólo conduce al Reino de Dios entendido en sentido únicamente religioso. En cambio, no es así. Ciertamente no es Jesús histórico, ni él en cuanto cabeza del Cuerpo místico, quien resuelve todos los problemas. Lo hace Jesús-nosotros, Jesús-tú, Jesús-yo... Jesús en el hombre, en ese determinado hombre —cuando habita en él la gracia— que construye un puente, hace un camino. (...) Es como otro Cristo, miembro de su Cuerpo místico, que cada hombre hace su aporte típico en todos los campos: en la ciencia, en el arte, en la política...".

"Junto a una teología renovada, 'nueva' (basada en la vida trinitaria vivida en el Cuerpo místico de Cristo), se necesita también una ciencia nueva, una sociología nueva, un arte nuevo, una política nueva...: *nuevas* por ser de Cristo, renovadas por su espíritu. Es necesario abrir un nuevo humanismo donde verdaderamente el hombre sea el centro, este hombre que es antes que nada Cristo, y Cristo en los hombres"[1].

Esto es lo que se observa en nuestro Movimiento, sobre todo desde hace un decenio.

San Juan Crisóstomo dice que los manantiales de agua viva, de los que habla el Evangelio, provocan inundaciones (cf. *Jn* 4, 14)[2].

Esto es lo que sucede en la Obra: los manantiales del Espíritu Santo inundan las realidades humanas, las más variadas, como efecto de su espiritualidad vivida a cuerpo. Esto da origen, entonces, a una política nueva (el "Movimiento de la unidad"[3]), a una economía nueva (la "Economía de comunión"[4]), a un arte, un derecho, una ciencia, una psicología y una pedagogía, nuevas.

---

[1] Teología y Comunión, Ciudad Nueva, Buenos Aires, 1998, pp. 15-16.

[2] Cf. JUAN CRISOSTOMO, *In Johannem homilia*, 51; PG 59, 284.

[3] Proyecto económico nacido en 1991, la Economía de Comunión se caracteriza por un fuerte sentido social. Inspira la gestión de más de 750 empresas en todos los continentes, que se comprometen a subdividir las eventuales ganancias para reinversiones, sostén de personas carenciadas e iniciativas que desarrollen "la cultura del dar".

[4] Nacido en 1996, el Movimiento de la unidad tiene como finalidad orientar el compromiso político para construir la unidad de la familia

Se trata de realizaciones que no se le han pasado por alto al mundo civil, que muy pronto ha demostrado su interés con numerosos reconocimientos y ofrecimientos de títulos académicos *honoris causa* en distintos campos, reconocimientos que por consejo de la Iglesia aceptamos porque pueden ayudar a comprender y valorar el Movimiento: "Que ellos (los hombres) vean sus buenas obras y glorifiquen al Padre que está en el cielo" (cf. *Mt* 5, 16). En efecto, estos reconocimientos están dirigidos sobre todo a él.

Por otra parte, ¿cómo no ver en estos hechos un reflejo, en la Obra, del "reconocimiento" que el Hijo resucitado tuvo del Padre luego de aceptar y superar el abandono?

humana. Se traduce en la búsqueda continua, por parte de los políticos, de salvaguardar y realizar los valores universales del hombre (paz, vida, justicia, libertad, fraternidad, ecología), sin perder de vista las propias idealidades partidarias.

LA ULTIMA OBRA DE AMOR, POR AHORA, A JESUS ABANDONADO

Ya he hablado del acontecimiento histórico del 30 de mayo de 1998 en la Plaza San Pedro, cuando Juan Pablo II nos hizo ver nuestro lugar en la Iglesia.

Ese día, en un clima de inmensa alegría, también yo tuve oportunidad de decirle algo al Papa.

Sabiendo que deseaba que los distintos Movimientos y Comunidades eclesiales estuvieran en comunión entre ellos, le prometí poner nuestro carisma de la unidad al servicio de ese objetivo.

Así es como se comenzó y se sigue trabajando en ese sentido.

Al llegar la Navidad de ese año le escribí al Papa contándole los primeros frutos de nuestro amor a Jesús abandonado, tan presente hasta ese momento en la indiferencia recíproca e incluso en el distanciamiento entre los Movimientos, y también la gozosa comunión que comenzaba a manifestarse. Pensé hacerle, con esto, un pequeño regalo de Navidad.

El 10 de enero, en una carta autógrafa, el Papa me contestaba:

"(...) Le agradezco por todo lo que me comunica sobre el trabajo en común con otros Movimientos eclesiales para hallar un punto de encuentro, de unidad, aun en la diversidad de los distintos carismas: esto no es sólo un pequeño regalo natalicio, sino que es una noticia muy reconfortante, que me llena de alegría, porque la indispensable colaboración entre las varias realidades eclesiales traerá muchos frutos. (...)

Me alegra también la iniciativa, tomada en acuerdo con el Pontificio Consejo para los Laicos y los Ordinarios Diocesanos, de organizar encuentros en las solemnidades de Pentecostés, para revivir juntos en cada diócesis la experiencia del gran encuentro en la Plaza San Pedro.

Deseándole todo el bien en el Señor para Usted, para toda la Gran Familia de los Focolares y para las oportunas iniciativas que me ha señalado, le agradezco por el regalo del videocassette "Sobre las alas del Espíritu", que me ha hecho revivir el Gran encuentro de la vigilia de Pentecostés del año pasado".

LA VENTANA

Estoy concluyendo este libro: *El grito*.

Y me pregunto: ¿He dicho todo lo que quería
—aunque sea sintéticamente— sobre Jesús abandonado?

He dicho todo lo que he podido, sin duda con mil
omisiones, pero falta lo más y lo mejor: falta toda esa
riqueza de iluminaciones (parecen justamente tales) con-
tenidas en los apuntes escritos en 1949, objeto de estudio para la Escuela Abba e, imagino, ya sólido aporte a la
doctrina nueva que de ella comienza a nacer. Porque,
como también afirma San León Magno, el grito de Jesús "es una doctrina"[1].

Dice un pasaje de estos apuntes:

"Jesús es Jesús abandonado. Porque Jesús es el Sal-
vador, el Redentor, y redime cuando vierte sobre la humanidad lo Divino, a través de la Herida del Abandono,
que es la *pupila* de Dios sobre el mundo: un vacío infinito a través del cual Dios nos mira a nosotros: la ventana
de Dios abierta de par en par sobre el mundo y la ventana de la humanidad a través de la cual (se) ve a Dios".

---

[1] LEON MAGNO, *Sermo* 16, 7; PL 54, 372.

LA VIÑA DE JESUS ABANDONADO

"Mi viña es sólo para mí" (*Cant* 8, 12).

Siempre hemos considerado a la Obra de María como la viña de Jesús abandonado.

Y ahora esto me recuerda algo: después de 56 años de vida del Movimiento, puedo contemplar sus ramas y sus sarmientos extendidos por toda la tierra, y los racimos jugosos que siguen alimentando a un *pueblo nuevo*.

Entonces me vuelven a la memoria las palabras leídas con mis primeras compañeras, quizás todavía en 1944, en la fiesta de Cristo Rey: "Pídeme, y te daré las naciones como herencia, y como propiedad, los confines de la tierra" (*Sal* 8, 12).

Lo habíamos pedido con fe en aquella ocasión. El Movimiento ha llegado verdaderamente hasta los últimos confines de la tierra. Y en este "pueblo nuevo" están *representados* todos los pueblos de la tierra.

Además, en tal número de personas que el augurio de mi obispo de 1956 ya mencionado: "¡Ojalá fueran legiones los focolarinos!", hoy es una realidad. El, que esperaba ganarse el Paraíso también por haber sostenido a los focolarinos, lo verá desde allá arriba.

¿Y cuál es ahora, en este momento, mi último deseo? Quisiera que la Obra de María, al final de los tiempos, cuando, compacta, esté a la espera de presentarse a

Jesús abandonado-resucitado, pueda repetirle –haciendo suyas aquellas palabras del teólogo belga Jacques Leclercq, que siempre me conmovieron–: "... en tu día, mi Dios, vendré a tí... Vendré a ti, mi Dios (...) y lo haré con mi sueño más loco: traerte al mundo en mis brazos"[1].

"¡Padre, que todos sean uno!"

[1] Cit. en W. MÜHS, *Dio nostro Padre, 365 pensieri sulla paternitá di Dio*, Roma 1998, p. 64.

INDICE

Prefacio 7

A quién seguimos 15
    Un canto 15

Jesús crucificado 17
    Jesús, modelo para los cristianos 19
    Los santos y la cruz 20
    Jesús crucificado: el sacrificio 22

Jesús abandonado 25
    Cómo comprenderlo un poco 27
    Jesús vuelve a abandonarse en el Padre 28
    Así nace la Iglesia 30
    Jesús abandonado, el Redentor 31
    Jesús abandonado, nuestro hermano 32
    Jesús abandonado, maestro de unidad 32
    La parte que nos toca a nosotros 33
    También nosotros somos sacerdotes 34
    El apostolado como culto 35

JESÚS ABANDONADO Y LA OBRA DE MARÍA 37
    Como la Iglesia 37
    ¿Quién es el amor? 38
    El libro de los libros 39
    El dolor más grande 40
    Su elección 41
    Semillas de grandes cosas 41
    Jesús abandonado en las primeras cartas 43
    Misterio de amor 44
    Lo que se dice de él 46
    Enamoraba 49

CÓMO Y DÓNDE DESCUBRIRLO 51
    Sombras de su dolor 51
    En nosotros 52
    En los hermanos 53
    En los pecadores 54
    Expresión de todos los amores 55
    De todo acontecimiento doloroso 56

LO QUE OBRA JESÚS ABANDONADO 59
    Restablece la unidad 59
    Hace perfectos en la unidad 60
    Nos convierte en madres de almas 60
    Forma la comunidad cristiana 61
    Nuevas luces sobre Jesús abandonado 62
    Jesús abandonado vive todo el Evangelio 64

UN PERIODO LUMINOSO 67
    Segunda elección de Jesús abandonado 68

La prueba 71
   Pruebas interiores 71
   Un largo estudio 72
   Las pruebas 73
   Suspenso doloroso 75
   Líneas de vida 77
   Pruebas de Dios 82
   Rayos de luz 85

Hacia la resurrección 87
   "In crescendo" 87
   No faltan los frutos 88
   ¿Obra de Dios? 89
   Antes del nacimiento 90
   El sueño 92
   El nacimiento 93

Los Papas y la Obra 95
   Pío XII 95
   Juan XXIII 98
   Efectos del carisma 100
   La Iglesia comunión 101
   El primer diálogo 103
   El segundo diálogo 104
   El cuarto diálogo 105
   El tercer diálogo 106
   Pablo VI 107

Las cruces de la Iglesia 109
   Las dos dimensiones de la Iglesia 110

Jesús abandonado, el subdesarrollado 111
Males con nombre e innominables 112
La secularización 112

ASPIRACIÓN A LA UNIDAD 115
El Movimiento en la Iglesia y su espiritualidad ... 116
Jesús abandonado y la estructura ministerial 117
Jesús abandonado y los Sacramentos 119
Jesús abandonado,
los mandamientos y los consejos evangélicos 121
La espiritualidad de Jesús abandonado puede
reavivar las otras espiritualidades de la Iglesia 123
El Crucifijo ecuménico 124
El Crucifijo para los ateos 125
El Crucifijo y la nueva creación 126
De Pablo VI a Juan Pablo I 127
Juan Pablo II 127

OTROS RECONOCIMIENTOS
DE PERSONALIDADES RELIGIOSAS 137

AÑOS DE ALEGRÍA, A VECES EXULTANTE 139

NUESTRO LUGAR EN LA IGLESIA 141

ESCUELA ABBA E "INUNDACIONES" 143

LA ÚLTIMA OBRA DE AMOR,
POR AHORA, A JESÚS ABANDONADO 147

La ventana 149

La viña de Jesús abandonado 151

Se terminó de imprimir en el mes de abril de 2004,
en IMPRECO GRÁFICA, Viel 1448, Buenos Aires, Argentina.